NAOMI KIYOTA

LUXURY INTERIOR

清田直美のラグジュアリー・インテリア

NAOMI KIYOTA

タワーマンションのプレミアム住戸のエントランス　玄関収納はヒノキ材を縦格子状に使い、和を意識したデザインに
アートは自らスケッチして製作したオリジナルの作品で、モザイクタイルの色味とそろえて統一感を出している

TOWER THE FIRST / ENTRANCE HALL

リビングダイニングから眺める和室　正面の床の間風のしつらえには、朱赤の手すき和紙を使用、間接光でドラマチックな雰囲気を演出した　琉球畳やヒノキの縁甲板といった和の材料とモダンデザインを融合させている

TOWER THE FIRST / JAPANESE ROOM

タワーマンションの高層階住戸　眺望を生かしたシンプルなモダンテイストのインテリアに折上げ天井を利用した間接照明で、開放感のあるラグジュアリーな空間をデザインした

TOWER THE FIRST / LIVING DINING ROOM

オリエンタルな雰囲気でまとめたマスターベッドルーム　表情のあるアクセントクロスとオリジナルデザインの
ヘッドボード＆ドレッサーを合わせ、ボルドー色のファブリックでラグジュアリーなインテリアを演出した

TOWER THE FIRST / MASTER BED ROOM

はじめに

　皆様にとって、快適な居心地の良い住まいとインテリアとは、どのようなものでしょうか？
　お気に入りのアートが飾られた玄関ホール、くつろげる大きなソファの置かれたリビングルーム、柔らかく手元を照らしてくれるスタンドのある主寝室……住まいの中で、あなたのお気に入りの空間は、どのくらいありますか？

　家族そろって楽しむ夕食の時間、夫婦二人でくつろぐ映画を見る時間、ひとりで好きな音楽を聴く時間、実にさまざまな時間を、ご自宅で過ごされていると思います。そのさまざまな生活シーンに合わせて、楽しむことができる素敵な空間を手に入れることができたら、きっと毎日の生活が充実した幸せなものになると思いませんか？
　そして、その空間に一番大切なのは、あなたご自身とご家族に合ったインテリア空間であるということです。

　どんなに広い部屋であっても、高価な家具が置かれていても、あなたご自身とご家族の好みや生活に合ったものでなければ、無意味なものです。住環境を大きく変えることは、なかなか難しいことかもしれませんが、ちょっとした工夫で、今の住まいをお気に入りの素敵な空間に変えることができるなら、ぜひ試してみたいと思いませんか？
　皆様にそんな夢の暮らしを手に入れてもらえますよう、今回「清田直美のラグジュアリー・インテリア」と題して、トータルなインテリアコーディネートの手法をまとめるとともに、私のこれまでの作品をご紹介させていただくことになりました。

　インテリアデザイナーとして26年あまり、住宅を中心としたインテリアデザインとコーディネートに携わってきた私ですが、その中で本当にたくさんの方々のお住まいにお伺いし、インテリアのご提案をさせていただきました。ご家族のことや、お仕事、ご趣味や毎日の生活習慣など、さまざまなお話を伺い、より深くお客様と触れ合うことで、少しでも良い提案ができるように、と心がけてきました。その中で、私が得たインテリアコーディネートの手法を、どなたでも簡単に実践していただけるよう、わかりやすくまとめたのがこの本なのです。3,000件以上携わったお住まいのなかで、まったく同じプランのお宅は一軒もありませんが、そのプロセスや考え方は同じです。
　この本をご覧いただいて、ぜひ皆様もインテリアコーディネートの楽しさを実感していただけら、と願っています。

NAOMI KIYOTA LUXURY INTERIOR

index

Scenes of Premium Interior Design　2

はじめに　10

序章　インテリアとの出会い　14

Lessons of Interior ──インテリアレッスン編

■インテリアコーディネートとは
・インテリアコーディネートって何？　20
・インテリアが家族を幸せにする　21
・インテリアデザイナーを上手く活用して　22
・理想の生活を手に入れるには……　23

■心と体を癒す居心地の良い空間づくり
・癒されるインテリアとは　24
・居心地が良いとストレスが消える？　25
・インテリアと健康　26

■ Lesson 1　インテリアイメージ
・自分好みのインテリアイメージをつくる　28
・6つのインテリアスタイル　30
・ミックススタイルの提案　32

■ Lesson 2　家具のレイアウト
・家具のサイズ表を作る　34
・スペースに合わせたレイアウトを考える　36
・部屋を広く見せる家具配置　36
・動線を考えたレイアウト　37

■ Lesson 3　カラーコーディネート
・色の性質を覚える　38
・ベースカラーとアクセントカラー　40
・お部屋に合わせたカラーの選び方　42

■ Lesson 4　ライティング
・光源の種類　44
・心地の良い光とは……　44
・シーンに合わせたライティング　46

■Lesson 5　ウィンドートリートメント
 ・ウィンドートリートメントの種類　48
 ・窓のサイズに合わせたスタイル選び　50
 ・インテリアスタイルに合わせたコーディネート　50
 ・機能性を考えたウィンドートリートメント　52

■Lesson 6　収納計画
 ・物を減らす工夫　54
 ・物に定位置を与える　54
 ・見せる収納と隠す収納　56
 ・自分に合った収納方法　56

■Lesson 7　アートや小物の飾り方
 ・飾る場所を見つける　58
 ・飾り方のコツ　60
 ・ライティングとの関係　62
 ・自分らしさを出して……　64

Works of Interior ──インテリア作品集

1. NIHONBASHI HORIDOMECHO　66
2. CHIYODA OTEMACHI　70
3. HIGASHI NIHONBASHI　74
4. MINAMIAOYAMA -1　78
5. MINAMIAOYAMA -2　82
6. TOWER THE FIRST　86
7. KOMAGOME SOMEIZAKA　90
8. SUGAMO　94
9. NIHONBASHI KAKIGARACHO　98
10. NIHONBASHI HISAMATSUCHO　100
11. SHINTOMICHO　102
12. CHIYODA AWAJICHO　104
13. RESIDENCE OF TAKANAWA　106
14. RESIDENCE OF NAOMI KIYOTA　110
15. NAOMI KIYOTA ORIGINAL FURNITURES　114

■あとがき　118

序章

インテリアとの出会い

　私とインテリアデザインとの出会いは、今から25年以上前。自分で家庭を持ったころからだと思います。それまでは、あまり住まいやインテリアについて、深く考えたことがありませんでした。
　子供のころ育った家は、一般的な昭和の日本を代表するようなインテリアだったと思います。6畳ほどのダイニングキッチンには流し台と4人掛けのダイニングテーブルが置かれ、隣接する8畳ほどの応接間には、応接セットと呼ばれるソファとテーブルと、お決まりのようにサイドボードが配置されていました。サイドボードの中には、クリスタルのグラスやウイスキー・ブランデーなどが飾られ、上にはレースの敷物、そしてお土産の置物や人形などが飾られていたのを覚えています。家族でテレビを見るときは、いつもこの応接室で、この部屋で写した写真も多く残っています。その奥には、床の間付の10畳の和室とベランダ、後から増築した私の勉強スペースがありました。

　その後、中学生になった頃に個室を与えてもらい、自分の好きなカーテンを吊るして、白いタンスとライティングデスクを買ってもらったことが、今でいうコーディネートということになるかもしれません。
　今から思えば実家のインテリアは、手作りのレースの敷物や、フランス人形、壁の額やカーテンなど、母の好みでコーディネートされていたのだと思います。母は、無類の掃除好き、整理整頓が得意だったので、部屋の中はいつも片付いていて綺麗でした。兄と遊んだ後、おもちゃやゲームが散らかっていると、よく怒られたのを覚えています。

　大人になって、普通の会社員として大手の不動産会社に勤めることとなった私は、ファッションや旅行、スキーにテニス、英会話などの習い事に精を出し、あまり何も考えずに結婚しました。家庭を持った頃からやっと少しずつ家具を見に歩き、自分で片付けや掃除や料理などの家事をするようになって、なんとなく家の中や住まいのことが気になり始めてきました。そしてこの頃同時に、一生続けられる仕事を探し始めていました。
　結婚しても続けられる仕事、生活経験や女性であることが生かされる仕事、ファッションデザインや絵を描くことが好きで、美しいものが好きな自分に続けられる仕事。そのために、いろいろな勉強をして、いくつもの学校にも通いました。とりあえず会社員時代のスキルを生かし、英語検定や秘書検定を受けて資格を取ったあとは、ファッションデザインの学校へ行き、デザイン画を描き、マーチャンダイジングも学びました。それでもなかなか上手くいかず、試行錯誤していたころ、ふと会社の後輩だった女性が、インテリアコーディネーターの学

校へ行き始めたことを知らされ、この資格に興味を持ったことが一生の仕事に出会うきっかけになりました。

　まだ世の中では、「インテリアコーディネーター」や「インテリアデザイナー」などという職業があまり一般的に知られていなかった時代でしたが、とても可能性を感じた気がしました。皆が同じようなスタイルの住空間に住まう時代から、自身のライフスタイルや家族構成、趣向にあったスタイルの住まいをデザインして暮らす豊かな時代が近いうちに来る、と思ったのです。

　そこから私にとって、インテリアという楽しくも難しい、奥の深い世界との本格的な付き合いが始まりました。建築を学んだこともなければ、美術大学を卒業したわけでもない、まさに素人だった私。最初は、昼間は弁護士事務所で秘書をしながら、夜間に週3日間インテリアスクールに通いました。少しずつ面白さに目覚め、半年過ぎた頃にはこの仕事で一人前になりたい、という思いが強くなっていました。そのためには基礎から学ばなくてはいけないと思い、いったん昼間の仕事をやめて新たにインテリアの専門学校に入り、昼夜課題に取り組む日々が始まりました。製図は一本の線をまっすぐ引くところから始まり、パース、造形学、色彩学、美術史、住居学、建築、構造、インテリア、と学ぶことはつきませんでした。自分の好きな世界と出会ってしまった私は、この頃からずっと、毎日インテリアデザインのことばかり考えるようになっていったのです。

美しい物が大好きで、自分の感性が生かせるインテリアデザイナーという一生の仕事に出会う

インテリアデザイナーへの道

　専門学校を卒業した後、すぐにハウスメーカーの子会社であるインテリア会社に就職、自分が独立するためにはどうしたら良いのかを考えていた私は、その後会社をいくつか変わりながら、夜間に建築の学校に通って建築士の資格を取得しました。一般住宅から店舗、オフィスにいたるまで、さまざまな物件に携わり、建築の工法も、在来工法から２×４（ツーバイフォー）、RC（鉄筋コンクリート）と、いろいろと覚えていきました。大工さんや電気屋さん、工事監督、多くの方とのコミュニケーションなくして良い現場は出来上がらないことも、この頃から学んだ気がします。

　そのうえで、家具のデザインやライティング、ファブリック、アートや小物など、トータルなコーディネートを実現できるモデルルームのデザインに、数多く携わっていきました。そして、建築とインテリアの全てがトータルで考えられることによって、すばらしい空間が完成することを、何度も体感していったのです。

　その後、高級注文住宅のインテリアデザインを請け負う会社で管理職を経験し、契約社員のコーディネーターの方々100名以上を束ねながら、自らも大きな物件のデザインをいくつも担当し、ショールームの運営やオリジナル商品のデザインにも携わる、という多忙な日々を続けていました。そんなとき、あるテレビ番組の出演をきっかけにして私個人宛に指名での仕事が多く入るようになり、インテリアセミナーや講演会なども開催していくうちに、念願の独立を果たすこととなりました。インテリアの専門学校を卒業して、15年が過ぎた頃でした。

　独立してからは、あっという間に12年余りが過ぎ、実にさまざまな仕事に携わることとなりました。分譲マンションの内装デザインやモデルルームのコーディネート、店舗や病院・オフィスのインテリアデザイン、一般住宅のご新築やリフォーム・模様替え、インテリアセミナーや相談会など、本当に多くのお仕事をさせていただき、たくさんのクライアントの方々とお会いしてきました。中でも住宅のコーディネートのご依頼でお伺いしたお客様のお住まいは、3,000件を超えています。お客様にとって、より美しく居心地の良い空間をご提案していきたい、という思いで、いつもプランを考えて来ました

　おひとりおひとりのライフスタイルやご家族構成、趣味趣向、ご予算などに合わせて、毎回ご提案させていただくインテリアプランには、決して同じものはありません。皆様の夢のインテリアが実現し、素敵になったお部屋の中で、お客様とご家族皆様の笑顔を拝見するたびに、

NAOMI KIYOTA LUXURY INTERIOR

NAOMI KIYOTA INTERIOR SALON

NAOMI KIYOTA INTERIOR SALON

永年の夢だったオリジナルブランド「NAOMI KIYOTA」のショールームを兼ねた南青山のインテリアサロン　予約制でオーダーメイドを中心にきめ細かなコンサルティングを行い、オリジナルのインテリアプランを提案する

インテリアデザインの重要性を強く感じてきました。居心地の良い空間で過ごすことは、毎日の生活をより楽しく素晴らしいものにしてくれます。ひとりでも多くの方に、素敵なインテリア空間の中で、より豊かな生活を送っていただけたら、そんな思いで今日まで仕事を続けてきました。長年の経験から学んだ、インテリアコーディネートの手法をお話していくことが、きっと皆様のお役に立てると信じています。

オリジナルブランド「NAOMI KIYOTA」

　最近では、より多くの方に安心してご依頼をいただけますよう、お客様のプライバシーに配慮した会員制のインテリアサロンを、南青山にオープンさせていただきました。

　サロンでは、自らデザインしたオリジナルブランド「NAOMI KIYOTA」の家具やファブリック、アートや小物など、オーダーメイドのアイテムを中心に、他にはない、オンリーワンの「プレミアムトータルコーディネート」をご提供しています。

　さらにサロンでは、「インテリアセミナー」や「インテリア相談」を定期的に開催し、もっと身近にインテリアコーディネートの楽しさを知っていただけますよう、さまざまなイベントを開催しています。

　オリジナルブランドのアイテムは、「NAOMI KIYOTA ONLINE SHOP」からもご購入をいただけるようになり、これからもお客様のご要望を生かして、さまざまなアイテムをデザインし、皆様にご提供させていただきたいと思っています。

　ご新築からリフォーム、オーガナイズや気軽な模様替えまで、インテリアのことなら、いつでも気軽にご相談いただける「NAOMI KIYOTA INTERIOR SALON」をお役立ていただければ幸いです。

Luxury must be comfortable
皆様のより豊かな暮らしのために・・・

NAOMI KIYOTA INTERIOR SALON
NAOMI KIYOTA BRAND SITE
www.naomikiyota.com
NAOMI KIYOTA ONLINE SHOP
www.naomikiyota-shop.com

NAOMI KIYOTA
LUXURY INTERIOR

Lessons of Interior
インテリアレッスン編

インテリアコーディネートとは

インテリアコーディネートって何？

　そもそも、インテリアコーディネートとは何なのでしょうか？
「部屋を作っている床・壁・天井に使われている材料や、家具・カーテン・照明・小物などのアイテム、全てをイメージに合わせて上手く組み合わせること」、なんだか言葉で表すと簡単なようですが、実はとても複雑で奥が深いのです。

　誰にでもできそうで、本当は多くのいろいろな知識や経験、センスが伴わないとできないのがインテリアコーディネートです。インテリアの知識はもちろん、建築、施工、コンサルティグの技術、様々な事柄を勉強し、日頃から感性を磨いておかなければいけません。

　私がインテリアデザインの仕事をはじめてから26年が過ぎましたが、それでも、まだまだ勉強することが山積みで、いろいろな新商品もどんどん増え、流行も変わってきています。また、人々の生活も多様化し、より個性あるものに変わってきているのです。

　そんな中、最近はご自宅のインテリアに興味をもたれる方がとても増えてきたのを実感しています。単に見た目の美しさだけでなく、自分らしいオリジナリティのある空間で、より豊かな暮らしを送りたい、という思いを強く持たれている方が増えています。

　それだけに、私たちにも、よりいっそうプロとしての高度な提案が求められていることを、日々感じながらお客様と接しています。

奥深いインテリアコーディネートの世界　インテリアに興味を持つお客様が増え、プロとしての高度な提案が求められている

NAOMI KIYOTA　LUXURY INTERIOR

インテリアが素敵に快適になることで毎日の生活が豊かになり、幸せな充実した時間が過ごせる

インテリアが家族を幸せにする

　ご自宅のインテリアをプロのデザイナーに頼むということは、20年前にはごく限られた方にしか実現できないと思われていたことでしたが、最近では様々なインテリア雑誌やおしゃれなショップも増えて、多くの方が気軽にインテリアを楽しめる環境が創られています。

　インターネットを使って、様々な情報や知識を得ることも簡単になり、好みのインテリアで生活を楽しむ余裕が豊かな暮らしを生み出すことに、多くの方が気付かれてきたのだと思います。

　ご自身の好みに合わせたお洒落なインテリア空間で、食事を楽しんだり、映画を観てくつろいだり、様々な充実した時間を過ごすことにより、精神的なストレスも減り、家族のコミュニケーションをはかることもできます。

　実際に、リフォームでお部屋のインテリアを変えた途端に、ご主人の帰宅時間が早くなり、ご家族で過ごされる時間が増え、お子様との会話も増えた、というような嬉しいお話も、多く伺います。それぐらい、毎日の暮らしや生活に大きな影響を与えるのが、インテリアコーディネートの重要な部分です。まさに「幸せな暮らしは、インテリアから……」と言えると思います。

インテリアデザイナーを
上手く活用して

　現在は、ハウスメーカーなどで家を建てる際には、必ずと言ってよいほど「インテリアコーディネーター」という肩書きの女性が、内装材や設備機器のセレクト、照明・カーテン・家具等のアドバイスや提案をしてくれます。

　でも、はじめて会った女性が、どれほどご自分の好みや暮らしに合わせた提案をしてくれるのでしょうか？　経験や知識があって、資格は持っていたとしても、ご自分の希望を100パーセント理解してもらうことは、とても難しいと思います。

　では、どうしたら良いのでしょうか？　ご自身のイメージや好みを形にするための知識や方法を、日頃から少しでも身につけておかれることで、行き違いが防げますし、より良い提案をしてもらうことができます。そして、できることなら、ご自身にあった「インテリア」の専門家を身近に準備しておかれることをお勧めします。一生のうちで、家を新築したり、リフォームしたりする機会は、それほど多くあるものではありません。

　いざその時になって失敗しないように、日頃からインテリアに関する意識を持ち、気軽に相談できる「住まいのホームドクター」のようなインテリアデザイナーが身近にいれば、きっと役立つこと間違いありません。

プロのインテリアデザイナーを活用して理想の空間をあなたのものに

あなた自身もインテリアの知識を持てば、「毎日の生活を幸せにするインテリア」が手に入ります

理想の生活を手に入れるには……

　インテリアの知識を持つことで、ちょっとした模様替えやコーディネートは、ご自身でも楽しめるようになります。大きな工事やトータルな提案が必要な際にはプロに頼み、日頃のコーディネートはご自身で……そんな使い分けをしていただけたら、と思います。

　最初に、「インテリアコーディネート」は、とても難しいものだとお話しました。でも私は、長年の経験から、簡単に実践できるノウハウやワザを習得することができました。そんなコーディネートの基本を、どなたでも理解していただけるよう、順を追ってご説明していきたいと思います。

　「毎日の生活を幸せにするトータルコーディネート術」を身に付けて、ぜひ実践してみてください。素敵なインテリアで、楽しい毎日を過ごしていただけること、間違いありません。

心と体を癒す居心地の良い空間づくり

癒されるインテリアとは

　具体的な「インテリアレッスン」に入る前に、もう少し「インテリアコーディネート」の持つ意味について、考えてみたいと思います。いつからか「癒し」という言葉が流行し、スパやマッサージスペース、酸素バーまで様々なスポットが、マスコミや雑誌で取り上げられています。でも、一番癒される空間でないといけないのは、毎日の生活の場である「自宅（住まい）」なのではないでしょうか？

　一人暮らしの住まいでも、一日の仕事を終えて自宅に戻った時、自然と玄関の明かりがゆっくりと灯り、どこからとなく良い香りがして、お気に入りのアートが迎えてくれる……そんな空間だったら、どうでしょう？きっと一日の疲れも、どこかに消えて、とてもリラックスした気分になるに違いありません。

　たとえば、昼間は子育てに追われているお母様も、お子様を寝かしつけた後、照明を落としたお風呂で、アロマの香りにつつまれながら本を読む時間が取れたら、どんな気分でしょう？　スパやマッサージに行く時間の余裕がなくても、自宅で簡単にストレスを解消できたら、こんなに良いことはありません。

　そして、この癒しの空間を作るためには、そこで生活されている方にとって、「居心地の良い空間を創る」ということが必要です。ご自身の毎日の生活を思い出し、趣味や趣向を把握して、心身共にリラックスできる、そんな快適なインテリア空間を創るために、「インテリアコーディネート」が、重要な意味を持ってくるのです。

あなたの「住まい」こそが最高の癒しの空間　心身ともにリラックスできるインテリアコーディネートが重要

日常生活のストレスを和らげるインテリア　あなたにとって最適なリラックス空間を実現して

居心地が良いとストレスが消える？

　ご自身にとって、居心地の良い空間で暮らすということは、ストレスが無くなるということにつながります。どんな人も、少なからず悩みを抱えながら生活していると思いますが、快適なインテリア空間を創ることにより、そのストレスを和らげ、心からリラックスでき、生活を楽しむゆとりが生まれてくるのです。

　ついつい仕事のことばかり考えてしまう人は、自宅に帰ったら、なるべく仕事から解放されるために、趣味に没頭できる、ご自身のためのホビールームを設けてみたらどうでしょう？

　また、お子様と接する時間が少なく家族とのコミュニケーションが不足しているという方は、少しの時間でもいっしょにゲームを楽しんだり、勉強を見てあげたりできるようなファミリールームを設けてみては、いかがでしょうか？

　このように、それぞれ抱えているストレスの内容も違えば、その解消方法も違います。

　ぜひ、皆さんにとっての「癒し」の場所を創ってください。そうすることで、必ずストレスが解消され、快適な生活が訪れるはずです。

インテリアと健康

　ストレス社会といわれている現代、ストレスが原因で様々な病気になってしまうことも、少なくありません。ご自身だけでなく、お子様やご家族全員が、ストレスが無く、安全で快適な生活をおくれるようになる、それが健康につながっていくのです。
　インテリアコーディネートとは、単に見た目をきれいにして、飾りつけるということではありません。皆さんの生活に合わせ、毎日を健康で快適に過ごすために、とても重要なことなのです。
　最近では、医療や福祉の場でも、「インテリアデザイン」の重要性が認められてきています。無機質な内装の病院に行くと、余計に具合が悪くなったような気になりますし、気分がふさぎがちなお年寄りが、暗い陽の入らない部屋でずっと過ごしていたら、もっと気分が滅入ってしまいます。人は病気や具合の悪い時こそ、さわやかな元気の出る空間にいたいと思うはずです。

　「インテリアにお金をかけるなんて贅沢だ」と思われていた方も、インテリアで健康を維持することができるなら、決して無駄な贅沢とは思われないはずです。快適なインテリア空間で、皆様とご家族が健康で幸せに暮らせますように、ぜひこれからお話する「インテリアレッスン」を参考に、インテリアコーディネートの手法を身に付けてみてください。きっと毎日の生活が豊かで快適なものに変わっていくはずです。

見た目をきれいに飾りつけるだけではなく、快適で安全な空間を創り、住む人の健康を高めるのがインテリアデザインの役割

NAOMI KIYOTA LUXURY INTERIOR

LESSON1　インテリアイメージ

「インテリアコーディネート」の持つ様々な意味合いや、その重要性についてお話してきましたが、これからその具体的な手法について、お伝えしていきたいと思います。大切なキーワードは、「トータルコーディネート」。そして大事なポイントは、ご自分のために、ご家族のために、幸せな暮らしを手に入れるために、楽しみながら実践していただくことです。

それでは、ご一緒に「インテリアレッスン」をはじめてみましょう。

自分好みのインテリアイメージをつくる

まず、ご自身の好みのインテリアがどんなイメージなのか、考えてみましょう。住んでみたいのは、木のぬくもりが感じられる明るい開放的な空間なのか、シックでお洒落な都会的なイメージなのか、それともクラシックホテルのような重厚感のある部屋なのかを、思い浮かべてみましょう。雑誌で見たインテリアでも、旅行で行ったホテルのお部屋でも、食事に行ったレストランでも、何でも良いのです。居心地が良く、こんな感じのインテリアが何となく好き・・・と思ったら、その場所の写真や資料を取っておきましょう。

こうして好みの空間を集めていくと、少しずつご自身の好きな「インテリアスタイル」の傾向がわかってきます。このインテリアイメージを前もって考えておくことが、これからはじめる「インテリアコーディネート」の出来映えを決める、重要な部分となるのです。私の開催しているインテリアセミナーでは、最初にお客様のインテリアの好みを探るため、「イメージ診断」という簡単なツールを使用して、身近ないくつかの質問から、皆様のインテリアスタイルをご一緒に考えていきます。

「旅行に行くなら、どこが良いですか？」「好きな照明のデザインは、どれですか？」「好みの色の組み合わせは？」「食事に行くならどこに行きたいですか？」など、直接インテリアスタイルには結びつかないのでは？と思われるような様々な質問から、お客様が潜在的に好まれるインテリアのイメージを引き出していくのです。

住宅のインテリアを考えるうえで大切なのは、そこで暮らす方の好みにあっているかどうか、ということです。どんなにお洒落で素敵な最新のトレンドを取り入れた空間も、その方にとって居心地の良い空間でなければ、意味がないのです。毎日過ごす自宅だからこそ、ご自分らしい「インテリアスタイル」を創ることが重要なのです。

■インテリアイメージの違い
シックでラグジュアリーな空間（上）とさわやかでスタイリッシュな空間（下）のLDKの比較　インテリアを考える上で大切なのは、そこで暮らす方の好みにあっているかどうかということ　最新のトレンドを取り入れた空間も、そこで暮らす人にとって居心地のよい空間でなければ意味がない

6つのインテリアスタイル

　すぐには好みの「インテリアスタイル」が思いつかない方のために、ここで代表的なスタイルを6つのカテゴリーに分けて、ご紹介しておきます。もちろん、これが全てのスタイルというわけではありませんが、この「インテリアスタイル」を基本にして考えていくと、イメージがつかみやすくなると思います。

A　トラディショナル

　クラシックで重厚な雰囲気のインテリアテイスト。飽きのこない上質な物、落ち着いた品格のある物を取り入れた、本物志向のスタイル。内装カラーは、比較的落ち着いた色合いでまとめ、家具やカーテンはクラシカルなデザイン、小物や調度品なども雰囲気に合わせた重厚な物でコーディネートした、フォーマルなイメージのインテリア。

B　クラシック

　Aのトラディショナルと同様のクラシックな雰囲気の中に、エレガントで華やかなイメージを取り入れた、インテリアテイスト。女性らしい柔らかい色やデザインを使ったヨーロッパ調のスタイル。家具やカーテンは、曲線を使ったエレガントな物、スタンドや花器などの小物には、クリスタルやゴールドを使った物をコーディネートしたゴージャスなインテリア。

A. トラディショナル　　　B. クラシック　　　C. ナチュラル

C　ナチュラル

余計なものはあまり置かないシンプルなインテリアテイスト。すっきりとしたデザインや自然素材を取り入れた、ナチュラルで温かみのあるスタイル。内装カラーは明るめで、家具やカーテンも、シンプルなデザインや色合いでまとめたインテリア。観葉植物を使って、爽やかな演出を。

D　カントリー

Cのナチュラルと似た明るめの内装カラーに、リゾート感のあるイメージを取り入れたインテリアテイスト。カラフルな色や柄物のファブリック、素朴な木の質感を生かした家具をコーディネートした、楽しいインテリア。好みの小物を飾って、個性のある演出を。

E　オリエンタル

洋風なインテリアの中に、日本やアジアの物をさりげなく取り入れたオリエンタルなイメージのインテリアテイスト。温かみのあるダークブラウン色の木質系家具や、和紙やバンブーなどアジアンテイストの素材を使った、くつろげる雰囲気のインテリア。

F　モダン

クールで都会的な、洗練されたイメージのインテリアテイスト。スチールやガラス、革などのハードな素材とシャープなデザインを取り入れ、モノトーンのカラーでまとめた、すっきりとしたインテリア。イタリアの有名デザイナーの家具や照明などが多く使われている。

D. カントリー 　　E. オリエンタル 　　F. モダン

ミックススタイルの提案

　ここでは、代表的な6つのインテリアテイストをご紹介しましたが、他にもたくさんのインテリアイメージがあります。最近では、モダンな空間の中に、装飾的なシャンデリアを取り入れたり、クラシックな柄の壁紙を使ったりと、「ミックススタイル」といわれるようなコーディネートも流行っています。

　皆様の好みも様々だと思いますし、ご家族それぞれが異なる好みのイメージを持たれているかもしれません。そんなときは、ぜひオリジナリティのある「ミックススタイル」に挑戦してみてください。難しいと思われるかもしれませんが、この後にお話するコーディネートの手法に基づいていれば、きっとうまくまとまりますし、満足度の高いものになると思います。
　どうしてもまとまり難い方は、お部屋ごとに「インテリアテイスト」を決めて、その部屋を長く使う方の、好みに合ったテイストにしておくのもよいと思います。

　壁紙や床材など、なかなか変えられない部分を選ぶ際には、将来インテリアの好みが変わった際にも対応しやすいもので選びます。ベースになるスタイルを決めたら、それに合わせて家具や照明、カーテンなどのアイテムを選び、小物やアートで少し冒険をしてみても楽しいと思います。

　インテリアのスタイルを決めることで、お部屋のイメージが具体的になっていき、内装や様々なインテリアのアイテムを選ぶ際の、基準になります。うまくイメージが固まっていないと、統一感に欠けるインテリアになってしまいます。お引越しや模様替えの前に、「今度は、こんなインテリアにしよう！」というイメージを、ご家族の皆様で早めに話し合っておきましょう。

あなたのオリジナルなインテリアを実現するには、自由なミックススタイルがおすすめ

NAOMI KIYOTA LUXURY INTERIOR

LESSON2　家具のレイアウト

家具のサイズ表を作る

　「インテリアスタイル」が決まったら、次に具体的な作業に入っていきます。一番最初に行うことは、お部屋の中に家具を配置していく「レイアウト」という作業です。簡単なようにみえて、実はいろいろな要素を考えて配置をしていかなければならず、適切なレイアウトができるようになるには、かなりの経験と知識が必要になりますが、ここでは簡単に身に付けていただける、基本についてお教えします。

　実際にお部屋の中で行うのは困難ですので、何分の一かに縮小された間取り図を使います。インテリアで使用される間取り図は、50分の1か100分の1が多く、この図面のことを平面図とも呼んでいます。まずは、ご自身のお部屋の間取り図（平面図）を準備します。次に、その図面と同じ縮尺で、家具を配置していきます。

　ここで必要になるのが、配置する家具の寸法です。お部屋ごとに、そこでどのように生活をするのかを考えて、必要になる家具をリストアップしていきます。リビングであれば、ソファやテレビボード、ダイニングセットなどがあげられますし、寝室であれば、ベッドやサイドテーブル、整理ダンスやドレッサーなどがあげられます。お手持ちの家具があれば、そのサイズを測り、幅W・奥行D・高さHを記入します。新しく購入したい家具があれば、そのサイズもある程度決めて、リストに記入していきます。ここでお手持ちの物は、色やイメージについても記入をしておくか、デジカメで撮った写真などを添付しておきます。新しく購入する物は、イメージに合った商品の写真や資料を付けておきましょう。

お気に入りのデザインの家具も、スペースに合わせたサイズを選ぶことが大切

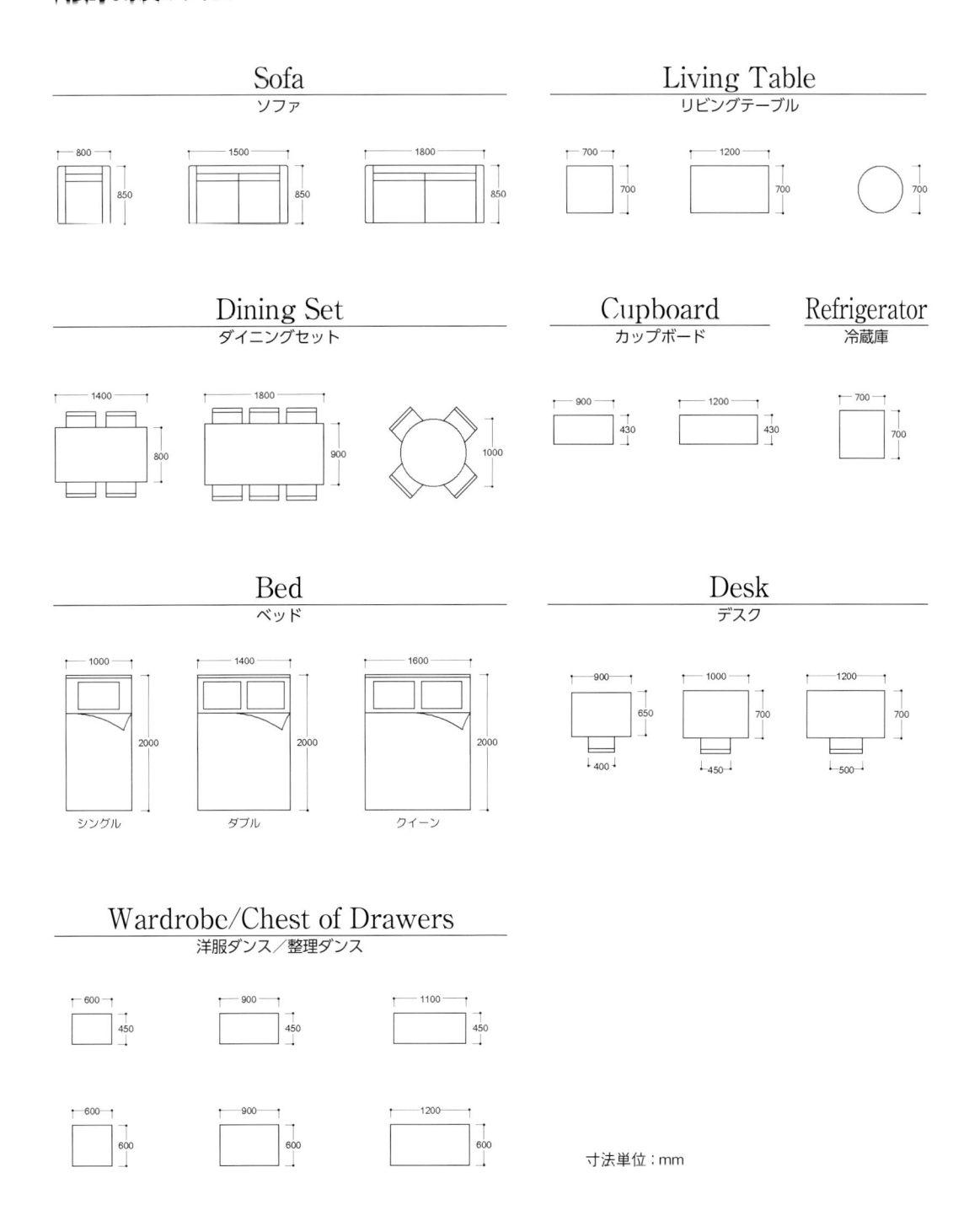

NAOMI KIYOTA LUXURY INTERIOR

代表的な家具のサイズ

Sofa
ソファ

- 800 × 850
- 1500 × 850
- 1800 × 850

Living Table
リビングテーブル

- 700 × 700
- 1200 × 700
- ⌀700

Dining Set
ダイニングセット

- 1400 × 800
- 1800 × 900
- 1000（円形）

Cupboard
カップボード

- 900 × 430
- 1200 × 430

Refrigerator
冷蔵庫

- 700 × 700

Bed
ベッド

- 1000 × 2000　シングル
- 1400 × 2000　ダブル
- 1600 × 2000　クイーン

Desk
デスク

- 900 × 650（脚 400）
- 1000 × 700（脚 450）
- 1200 × 700（脚 500）

Wardrobe/Chest of Drawers
洋服ダンス／整理ダンス

- 600 × 450
- 900 × 450
- 1100 × 450
- 600 × 600
- 900 × 600
- 1200 × 600

寸法単位；mm

スペースに合わせたレイアウトを考える

　家具のサイズ表が完成したら、いよいよレイアウトの開始です。この際に気を付けなければいけない、いくつかのポイントをお教えしておきます。

1. 大きな家具から順に配置する。
2. 背の高い家具は、壁面を利用して、まとめて配置する。
3. 部屋に入った際に、目線が抜けるように配置する。
4. 部屋の入り口から近いところは、スペースを空けておく。

　まずは、この４つを頭の中に入れて、配置をしてみましょう。お部屋の広さによって、収まる家具のサイズや分量は異なりますし、お部屋の形や、窓、ドアの位置等によっても、配置の仕方は変わってきます。パズルのように、適切な位置や組み合わせを考えていきましょう。その際に、家具のサイズに合わせて切り抜いた型紙のような物を準備すると、図面の上で自由に動かすことができて便利ですし、最近では簡単な配置ができるパソコンのソフトも多くなってきましたので、そちらを活用していただくのも良いと思います。

部屋を広く見せる家具配置

　「部屋を広く見せるには、どうしたら良いのですか？」というご質問を良く受けます。確かに日本の場合は、欧米諸国に比べてかなり狭い居住空間といえると思います。特に都心部の場合は土地の価格も高く、理想とする広さの住まいを手に入れることは、難しいことかもしれません。それでも、「少しでも広く快適な住まいにしたい」という思いは、ほとんどの皆様が持たれているに違いありません。

　そんな思いに答えることができるのが、適切な「家具のレイアウト」なのです。先に掲げたレイアウトの手法の中で、２～４にあげた項目は、全てこの「部屋を広く見せる」ことにつながります。たとえばリビングダイニングの入り口の扉を開けた際に、まず広い床が目に入り、バルコニーの先にある外の景色まで見渡すことができたら、どうでしょう？実際の面積よりも必ず部屋が広く感じるはずです。もちろん、この他に色の使い方や照明の使い方なども、大事な要素になりますが、まずはこの「家具レイアウト」がきちんとできているかどうかが、最も大切なのです。

右壁面を全面ミラー貼りとし、映り込みを利用してエントランス空間を広く見せる

動線を考えたレイアウト

　お部屋の中に、だいたいの家具を配置し終わったら、その中でご自身とご家族が、どう生活をするのかを考えていきます。たとえば平日の朝は、奥様が最初に起きて洗面所で顔を洗い、キッチンで朝食の支度。その後お子様を起こして、ご主人と一緒に洗面所で簡単な身支度をしてから、ダイニングで家族そろって食事を済ませ、ご主人は書斎で出勤の準備、お子様はリビングで着替え、お二人を送り出した後、奥様は朝食の後片付けをしてから、簡単な掃除をしてご自身の出勤の準備、といった具合です。

　その部屋で行う行為を想像しながら、この場所にあったら便利な物は何か、また人の動きはどうなっているか、お子様がぶつかりそうな所に家具が置いてないかなど、具体的に思い描いていくと、たくさんのチェックポイントが見えてきます。また平日と週末では動きが異なるでしょうし、来客時の状況なども考えておくことが大切です。

　こうして、毎日の生活をチェックしていくと、自然とたくさんの動きがぶつかる場所が出てきます。そういった動線が重なる場所には、なるべく家具を置かず、スペースを広く空けておくことが必要になります。この動線をきちんと考えたレイアウトにすることにより、毎日の生活が便利で快適になるのはもちろん、見た目にもお部屋が広く開放的に感じることにもつながっていくのです。

ベッドのヘッドボード、ドレッサーの上端を揃えることで、水平ラインが強調され、部屋を広く見せる効果がある

LESSON 3　カラーコーディネート

色の性質を覚える

　インテリアコーディネートを考えるうえで、「カラーコーディネート」も、とても大切な要素です。単に好みの問題だけでなく、色が人に与える精神的な影響がとても大きいからです。色の使い方ひとつで、落ち着いた精神状態になったり、安らいだ気分になったりします。また反対に、活動的な気分になったり、元気になったりする色使いもあります。まずは、このような「色の性質」を覚えることから始めてみましょう。

　色を表す際に使われる要素に、「色相」「明度」「彩度」というものがあります。「色相」とは、青・赤・黄のような色合いの違いを示し、「明度」とは、色の明るさの度合いを示します。最も高い明度の色が白、最も低い明度の色は黒になります。「彩度」とは、色の鮮やかさの度合いを示し、灰色を含まず濁りの少ない色は彩度が高く、灰色を含んで濁った色は彩度が低くなります。赤や青など彩りのある色は、この3属性によって体系化されているのです。これに対して白、灰色、黒は明度のみで表すことができる色で、無彩色と呼ばれています。

　少し難しいかもしれませんが、次にいくつか覚えておきたい「色の性質」をあげておきます。

1. 同じ色でも面積が大きいほうが、明るく鮮やかに見える。
2. 反対色に近い異なる二色を並べると、お互いの色がより鮮やかに見える。
3. 背景の色と似た色は、認識がしにくい。
4. 暖色系の色は気持ちを高ぶらせ、寒色系の色は気持ちを落ち着かせる。
5. 暖色系の鮮やかな色は、進出して見える。
6. 暖色系の鮮やかな色は、膨張して見える。
7. 暗い色は、重く感じる。
8. 明るい色は、柔らかく感じる。

　他にも多くの性質がありますが、ここに挙げた特徴を覚えておくだけでも役立ちます。このような色の性質を覚えて、上手にカラーコーディネートを進めていきましょう。

NAOMI KIYOTA LUXURY INTERIOR

■色の要素

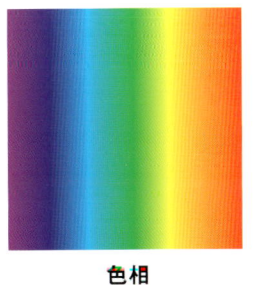

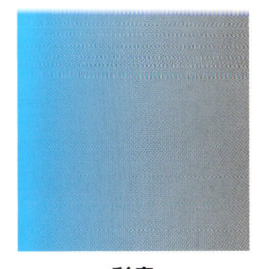

色相

明度
高←→低

彩度
高←→低

■色の性質

1. 同じ色でも面積が大きいほうが、明るく鮮やかに見える。

2. 反対色に近い異なる二色を並べると、お互いの色がより鮮やかに見える。

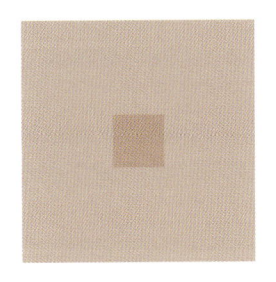

3. 背景の色と似た色は、認識しにくい。

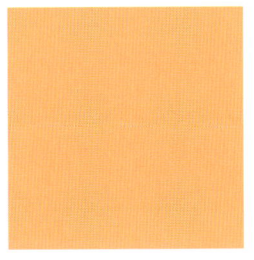

4. 暖色系の色は気持ちを高ぶらせ、寒色系の色は気持ちを落ちつかせる。

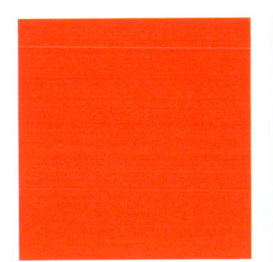

5. 暖色系の鮮やかな色は、進出して見える。
6. 暖色系の鮮やかな色は、膨張して見える。

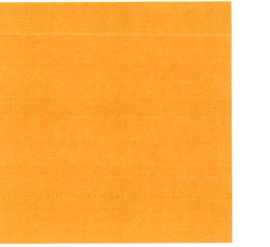

7. 暗い色は重く感じる。
8. 明るい色は、柔らかく感じる。

ベースカラーとアクセントカラー

　お部屋のカラーコーディネートを実践する際は、まず最初に「ベースカラー」を決めておきます。「ベースカラー」とは、お部屋の基調になる色、つまり一番大きい面積に使われている色、と考えてください。床・壁・天井などに使われる色が、この部分にあたります。お部屋を広く明るくみせたいと思えば、なるべく明るい柔らかい色を選ぶ必要がありますし、落ち着いた重厚なイメージにしたければ、少し濃い目の暗い色味を入れた方が良いといえます。ご新築やリフォーム時に内装材の色を選ぶ際には、「お部屋の基本の色を決めているんだ」と意識して選んでください。

　お部屋の目的に応じて、色合いを変えることも必要になります。内装材の色を変えるには、大きな手間や費用がかかりますので、この部分の色合いを選ぶ際には、お部屋の用途と完成後のイメージを、事前に決めておくことが必要になるのです。

　次に考えるのが、「アソートカラー」といわれるもので、「ベースカラー」の次に大きな面積を占める部分に使われる色です。リビングダイニングでいえば、ソファやラグカーペット、カーテンなど大きなインテリアアイテムの色が、この部分にあたります。ここに使用する色を選ぶ際には、「ベースカラー」に近い色合いにしておくと、コーディネートがしやすくなります。あまりたくさんの色を入れてしまうと、まとまりが悪くなりますし、鮮やかな個性の強い色も避けておいたほうが良いと思います。大きなアイテムを選ぶ際には、少し無難すぎると思われるくらいの色がおすすめです。例えば、真っ赤な強調する色のソファを選ぶと、他のアイテムとの組み合わせが難しく、すぐに飽きてしまう、という結果になりがちです。

　そして最後に加えるのが、「アクセントカラー」といわれる、お部屋にメリハリを与える色です。クッションや小物、アートなどに使われる色が、この部分にあたります。小さい面積ではありますが、実はお部屋のイメージを左右するとても重要な色です。温かみのあるお部屋にしたい場合は赤やオレンジの暖色系、涼しいイメージにしたければ青や青緑などの寒色系を使うなど、季節によって変化を楽しむこともできます。ご自身の好きな色を使うのもお勧めです。失敗しないように、最初はなるべく簡単に変えやすいアイテムで、試してみるのが良いと思います。

　「ベースカラー」と「アソートカラー」が上手に選べていれば、この「アクセントカラー」は、比較的自由に選ぶことができます。お部屋ごとにテーマカラーを決めて、ご家族それぞれのお部屋を好みのカラーで楽しく素敵にコーディネートしてみてください。

アクセントカラーに寒色を使って涼しいイメージにしたカラーコーディネート　季節によって変化を楽しむこともできる

お部屋に合わせたカラーの選び方

　色は、人によって感じ方が異なるデリケートなものです。日頃から、ご自身やご家族の好みの色を、把握しておきましょう。そして、お部屋ごとに、その用途やイメージに合わせてカラーコーディネートをしていきます。

　たとえば、家族全員が集まるリビングダイニングは、食事をしたり会話を楽しんだりする場所ですから、ベージュやアイボリーなどの明るく中立的な色を基調に、皆が好むような色合いでコーディネートをします。また夫婦の寝室であれば、リラックスできるよう、モスグリーンやワインレッドなど、落ち着きのあるカラーでまとめてみては、どうでしょう。幼いお子様の部屋は、活動的な赤やイエロー、ブルーなど、カラフルな色を取り入れるのも良いと思います。

　この他にも、洗面所やお風呂が北側にあれば、暖色系の色をベースに使うことで、暖かく感じられますし、廊下やトイレなどの狭い所は、明るい色合いにすると広く感じられます。

　このように、お部屋の使い方や条件により、上手に色の性質を使って、適切なカラーを取り入れていくことが、カラーコーディネートの基本になるのです。

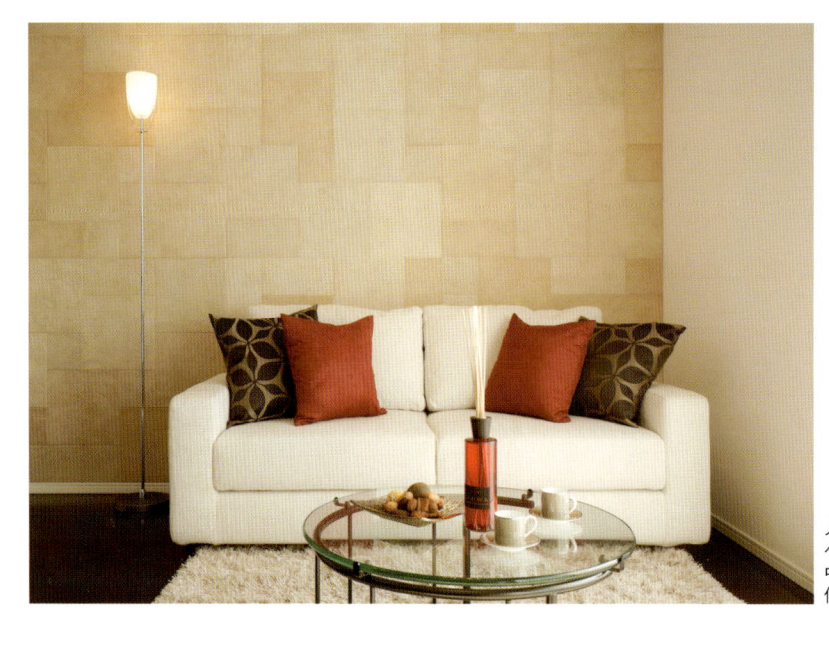

人によって感じ方が異なる色
ベージュ、アイボリーなど明るく中立的な色は好き嫌いがなく、使いやすい

NAOMI KIYOTA　LUXURY INTERIOR

■イメージに合わせたカラーの選び方

Modern Image

クリアーなオフホワイトのベースカラーに、アソートカラーをホワイトとブラックでまとめ、オレンジ色をアクセントに用いたモダンなイメージのカラーコーディネート

Natural Image

ベースカラーとアソートカラーを暖かみのあるベージュカラーでまとめ、アクセントカラーにイエローとオレンジ色を用いた、ナチュラルなイメージのカラーコーディネート

LESSON 4　ライティング

光源の種類

　照明計画（ライティング）というと、「部屋の大きさに合わせて必要なワット数を決め、照明器具のデザインを選ぶこと」だと思われるかもしれませんが、実はもうひとつ大切な事があります。それは、光源の種類による光の色の違いです。光の色が私たちの心理に与える影響には、とても大きいものがあります。その光の色について少しお話していきたいと思います。
　光源の種類には、大きく分けて白熱灯と蛍光灯があります。白熱灯は、オレンジ色の光を放ち、物に陰影を与えて、物の色や形を美しく見せてくれます。精神的にリラックスすることができるのも、この色の光です。対して蛍光灯は、物を均一に照らし、作業性を高めることができますが、青白い画一的な光で、無機質なイメージになりがちです。コスト的には、蛍光灯は白熱灯の３分の１程度のワット数で同じ照度が取れ、省エネ効果があるといえます。最近では、この蛍光灯の中でも、白熱灯に近い温かみのある光の色を放つ「電球色」というランプが多く出ていますし、発光ダイオードを使用したＬＥＤという非常に省エネにつながる新しい光源も、開発されています。それぞれの光の特徴を覚え、お部屋の広さや用途に合わせて上手に使い分けることが、心地よいライティングにつながります。
　たとえばリビングダイニングや寝室などのリラックスしたいお部屋には、白熱灯のオレンジ色の光、お子様が勉強する部屋や、作業性を高めたいお部屋には、蛍光灯の白っぽい光といったように、お部屋ごとに光源を使いわける必要があるのです。

心地の良い光とは……

　人間は太古の人工照明の無い時代から、朝になって太陽が昇ると目覚め、昼間の太陽の明るい白い光の下で働き、夕方太陽が傾いてオレンジ色の光になると、作業を終わらせて家路につきました。そして夜は、焚き火の赤い光を眺めながら、食事をしてくつろぎ、就寝したのです。こういったサイクルが、人の体の中に根付いているため、なるべく自然の光にあわせた照明計画をするのが望ましい、と言われています。
　朝目覚めた際には、お部屋の中に太陽の光を取り入れ、昼間もなるべく自然光の入る部屋で活動します。そして夜は、白熱灯や電球色のオレンジ色の光の下で夕食を楽しみ、テレビを見たり本を読んだりして、リラックスします。さらにお休みの前には、枕元に置いたスタンドのオレンジ色の光の下で過ごすと、自然に心地よい眠りが訪れます。

■光源の色による部屋のイメージの違い

自然光の中では、はっきりと物の色が見え、活動的なイメージに

間接光の中では、空間に陰影が加わり、くつろぎのイメージに

このように、光の持つ特性と、光が精神的に与える影響を考えながら、お部屋ごとにご自身に合った、居心地の良い光を見つけることが必要なのです。

シーンに合わせたライティング

　ここでお勧めしたいのが、シーンに合わせて使い分けができるような照明計画をすることです。たとえばリビングダイニングを例にとってお話しますと、この部屋は皆が集まる場所ですから、様々な生活シーンが考えられます。夕食前にお子様が宿題をするなら、均一の照度が取れる蛍光灯の白い光源を使って、お部屋全体の照度を取ります。夕食を楽しむ際には、食べ物を美味しそうに見せてくれる電球色の光源で、テーブルの上を照らします。食事の後でソファに座り、映画を見ながらリラックスする際には、お部屋全体の照度を落とし、低い位置に置いた白熱灯のスタンドの明かりを使います。

　このように、一つのお部屋に対して一つの照明器具を使うのではなく、シーンに合わせて楽しめる多灯照明スタイルにすると、簡単に使い分けができると思います。長く使う場所には、省エネ効果のある蛍光灯を使い、リラックスしたい時には、温かみのある白熱灯の器具を使用します。この際に便利なのが、コンセントさえあれば、簡単に使用できる「スタンド」といわれる器具です。

　「スタンド」は単にデザインを楽しむだけではなく、お部屋全体の照度を補い、お部屋の隅を照らして、室内を広く感じさせる効果があります。器具の高さや、カバーの材質などによっても、光の広がり方が異なり、様々な演出が楽しめます。たとえば、大きめの観葉植物の鉢の陰に、スポット型のスタンドを置いて下から照らすと、壁や天井に葉の影が映り込み、素敵な間接照明を、気軽に楽しむことができるのです。

　まずは、小さめのスタンドを買って、いろいろな所に置いて試してみてはいかがでしょうか？　光の位置や使い方によって、お部屋の雰囲気がいろいろと変化するのが楽しめます。お気に入りの光によって演出された素敵な空間は、驚くほど居心地の良いものですし、見慣れたお部屋もドラマチックに変身させることができるのです。

■間接照明による光の演出

棚の背面から和紙とアクリルを通した柔らかな光で花器や小物を照らし、落ち着きを演出した和室前の飾り棚

ガラス棚を通した上下の華やかな光でモザイクタイルと花器のディスプレイを照らしたエントランスの演出

天井からの建築化照明＊とナイトテーブル上のスタンドの光でくつろぎと華やかさを演出したマスターベッドルーム

＊建築化照明：建築と一体化した照明のこと。

LESSON 5　ウィンドートリートメント

ウィンドートリートメントの種類

「ウィンドートリートメント」とは、窓装飾の総称のことで、日本建築でいえば、障子にあたる部分のことです。現在の日本では、実に様々な様式の住宅があり、その窓の形やサイズもいろいろです。ウィンドートリートメントの代表的なものといえば、皆様もよくご存知の「カーテン」が挙げられると思います。

専門的な言い方をすれば、「3ツ山2倍ひだ・両開きカーテン」というのが、一般的なオーダーカーテンです。これは、カーテンのひだを美しくみせるために、窓の巾に対して二倍の要尺の生地を使って仕立てたものですが、既製で売られているカーテンは、もう少し要尺が少なく、1.5倍ひだ位のものが多いと思います。それ以外にも芯地の巾や縫製方法、フックの種類などによっても、カーテンの仕上がり具合は変わりますし、かかるコストも違ってきます。

このように、カーテンひとつとっても、様々な仕様が考えられますし、生地の種類も実に豊富です。そのうえ最近では、シェードやブラインドのように「メカ物」と呼ばれる、機能性のあるものも多く出てきています。それぞれに便利な部分もあり、気をつけなければいけないデメリットな部分もあります。まずは、そのスタイルの種類と特徴を覚えましょう。

ウィンドートリートメントの選び方で部屋のイメージが大きく変わる

NAOMI KIYOTA　LUXURY INTERIOR

ウィンドートリートメントの種類と特徴

ドレープカーテン（3ツ山2倍ひだ）
一般的なカーテンのスタイル　ひだの取り方や生地のボリュームによってイメージが異なります

プレーンシェード
上下に昇降できる機能的なスタイル　やわらかいイメージの仕上がりで生地の質感が生かせます

シャープシェード
プレーンシェードと同じ機能　生地の後ろにバーが入ったすっきりとしたスタイルです

ロールスクリーン
一枚の布をスプリングのメカで巻き上げる機能的なスタイル　生地は加工のできる物に限定されます

バーチカルブラインド
縦型のルーバーの向きを動かして調整することができる機能的なスタイル　高さのある窓に適しています

パネルカーテン
パネル状になった生地を左右に動かすスタイル　大きな掃き出し窓や間仕切りなどにも適しています

プリーツスクリーン
プリーツ状になった生地を上げ下げする機能的なスタイル　和風の物も多く障子代わりにもなります

ブラインド
横型のルーバーの角度を動かして、光の入り方を調整できる機能的なスタイル　遮光性が高く雨戸代わりにもなります

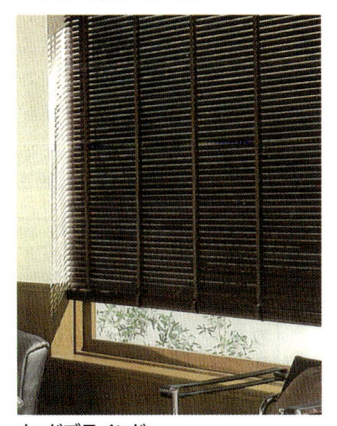

ウッドブラインド
木質系のよこ型タイプのブラインド　木の質感や暖かみを感じるスタイル　ルーバーの太さや色も選ぶことができます

49

窓のサイズに合わせたスタイル選び

　ウィンドートリートメントの種類を覚えたら、次に注目するのは、お部屋の用途と窓のサイズです。たとえば、リビングの大きな掃き出し窓には、開閉が容易で、バルコニーへの出入りがしやすいスタイルのものが合います。縦のラインを強調するような柄の生地や、縦型のブラインドなどを使うと、天井が高く感じられます。

　また、ひとつの部屋の中に、サイズの違う窓がいくつかある場合には、それぞれのバランスが大事になります。腰高の窓でも、掃き出し窓と同じように床まで丈を伸ばしたり、スタイルを変えても生地は同じものにしたりして、統一感を出すようにすると、お部屋がまとまります。

インテリアスタイルに合わせたコーディネート

　インテリアのスタイルによっても、ウィンドートリートメントの種類や、生地、色柄の選び方が変わってきます。「インテリアスタイル」のところで挙げた6つのイメージを思い出しながら、考えてみてください。窓掛けのイメージひとつで、お部屋のイメージを劇的に変えることができます。インテリアスタイルに合わせた素敵なデザインを、取り入れてみましょう。

トラディショナル
重厚なイメージにあった伝統的な柄や落ち着いた色で、オーソドックスなカーテンスタイルが合います。ストレートバランスといわれるような「上飾り」を付けてみるのも、良いでしょう。

クラシック
ウェーブの入ったバランススタイルや、美しいひだを多めに使ったカーテンスタイルが合います。裾に刺繍や装飾の入ったレースで華やかさを出すのも、良いでしょう。カーテンをまとめるタッセルも、クラシックなデザインのものを合わせましょう。

ナチュラル
あまり重厚なものや、装飾的なものは避け、シンプルですっきりとしたシェードスタイルや、ロールスクリーンなどの「メカ物」を使うと良いでしょう。色柄も控えめで、素材感のあるものを選びましょう。

NAOMI KIYOTA LUXURY INTERIOR

■ウィンドートリートメントの実例1

ステンドグラスに合わせて柔らかなシアーの生地を2重に掛けた美しいデザイン

クラシカルなウェーブが美しいバランスを付けたゴージャスなデザイン

柄物のシアーな生地を室内側に、後ろ側に遮光の生地を使った機能的で美しいダブルシェード

カントリー
カラフルな花柄やストライプなどのプリント素材の生地を使ったものや、木の質感と様々な色が楽しめるウッドブラインドなどを使うと良いでしょう。

オリエンタル
洋風なカーテンではなく、すだれ調の物や、和紙を使ったスクリーンなどが合います。障子に代わり、やわらかく室内に光を取り込めるものが良いでしょう。

モダン
フラットカーテンや、シャープシェード、縦型ブラインドなど、すっきりとしたスタイルのものが合います。カラーも、モノトーン系のものが良いでしょう。

　ここに挙げた以外にも、様々なお部屋のイメージにあわせられる、いろいろなデザインのウィンドートリートメントがあります。比較的容易に取り変えることができるアイテムですので、模様替えやリフォームの際には新調して、流行のコーディネートを楽しんでみてください。

機能性を考えた ウィンドートリートメント

　お部屋に窓掛けを用いる理由には、単に窓周りを装飾するというだけでなく、機能性を利用できるというメリットが挙げられます。最近の住宅はサッシの機密性が高まっていますが、さらに遮熱効果のある窓掛けを選ぶことで、冬は冷気が室内に入るのを防ぎ、夏は暑い日差しを遮って室内の温度上昇を和らげる効果があります。

　サイズやスタイルとともに、機能性も考慮に入れて、快適なウィンドートリートメント選びを実現してください。

■ウィンドートリートメントの実例 2

主寝室の掃き出し窓にはカーテン、腰窓には同じ生地で仕立てたプレーンシェードをバランス良くコーディネート

風を受けてなびくスラットと、その間から差し込む光が美しいオランダ製のバーチカルブラインド

LESSON 6　収納計画

物を減らす工夫

　美しい空間を創るには、お部屋から余計な物を無くすことが必要です。どんなに収納上手な几帳面な方でも、収納する物の量が多ければ、いつか物入れからあふれてしまいます。日頃から、本当に必要な物以外は増やさないようにして、いつのまにか貯まってしまう物は定期的に処分する、という心構えが大切なのです。

　ついつい人から勧められると、考えもせずに譲り受けてしまう「便利グッズ」や、いつか使うかもしれない、と思ってタンスの奥にしまいこんである学生時代の思い出の品など、人それぞれ貯めこんでしまう物には違いがありますが、美しい居住空間を保つために、物を増やさないように定期的に見直して、整理する習慣を身につけましょう。

　物が少なければ整理するのも楽ですし、掃除も苦になりません。いつも、美しい空間を保っておけます。美しく整理整頓された空間は、誰が見ても気持ちの良いものですし、何よりそこで暮らす皆様とご家族の方々にとって、毎日の生活を快適に健やかに過ごすために、とても重要なことなのです。

物に定位置を与える

　収納に関する悩みを持たれている方はとても多く、「収納するスペースが足りない」「どうしても上手に収納ができない」など、さまざまなご相談を良く受けます。ただ、「収納がうまくできない」という方ほど、実はキッチンの吊戸棚の上の段や、シンクの下のキャビネットの中など、収納スペースに空きがあることが多いのです。

　収納の基本は、「良く使う場所で、取り出しやすい所に、取り出しやすく、しまいやすいように、収納する。」ということです。部屋ごとに、そこで行う生活の行為を思い出し、そのために必要な物は何があるのかを考えます。必要な物がわかったら、今度はその物たちを入れておくスペースを探します。スペースがみつかったら、物に合わせて取り出しやすく、しまいやすい形で収納していきます。

　このように、物にも定位置を与えることが必要なのです。これがうまくできると、自然とお部屋の中が片付き、いつのまにか収納上手になります。ご家族が共有で使う物は、ご家族全員が収納場所を把握し、使い終わったら元の場所にもどす、という簡単なルールを守るだけで、いつも美しいお部屋を保つことができるのです。

■美しい収納実例 1

ダイニングの家具に合わせてつくった飾り棚と収納家具　手前の部分はコーナーを見せる収納棚に

窓下に設けたワインラックとマガジンラック　奥行きは浅くても充分に収納できる

見せる収納と隠す収納

　収納の基本を覚えたら、もう少しステップアップをして、インテリアとしても美しく収納する方法を、試してみましょう。物が見えないように、全て物入れの扉の中に隠してしまうのではなく、ご自身のコレクションや、お客様に見せたい物などを、美しく飾りながらしまう、素敵な収納術を覚えましょう。

　ご自身が飾りたい物が何なのか、大きさや材質などによっても、飾るスペースと飾り方が異なります。たとえば、繊細なグラス類を飾るのであれば、ダイニングスペースの目立つ所に、奥行きの浅いガラス棚のある「飾り棚」を設け、グラスが重ならないように美しく収納します。背面にはミラー、上部には照明を使うと、お気に入りのグラスが輝いて、よりいっそう美しく見えます。

　反対に、見せたくない物や、飾る必要の無い物は、なるべく見えないようにしまえる、扉付きの収納スペースが適しています。「見せる収納」と、「隠す収納」をうまく使い分けることが、美しい収納を楽しむコツなのです。

自分に合った収納方法

　どんなに多くの収納スペースを作り、どんなに便利な収納グッズをそろえても、それを使いこなせなければ、意味がありません。収納があまり得意ではない、整理整頓が苦手な方は、とりあえず収納する物を選ばずに片付けられる「納戸」のような場所があると、良いと思います。

　全てのお部屋を、いつも完璧に美しく保っておくのは、とても大変なことです。ご家族が集まる場所や、お客様を招くスペース、ご自身がリラックスしたい空間だけでも、美しく保つようにしてみては、いかがでしょうか。そのためにも、あふれた物をとりあえず置いておける、少し大きな収納スペースを確保しておくと、良いと思います。

　ご自身や、一緒に暮らされているご家族の性格や習慣などを知って、あまり神経質にならずに、楽しみながら収納できる方法を考えてみては、いかがでしょうか？美しい空間に暮らしていると、自然と快適な気分になります。少しだけ意識して、片付ける習慣を身につけましょう。

■美しい収納実例2

キッチンに設けた家事コーナー
ドラム式の洗濯機も取り込み機能的にデザイン
使いやすい位置にオープン棚を設けて小物収納に

ダイニング脇に設けた家事カウンターと収納
奥行きは浅くても吊り戸棚や引出しをうまく使うと、収納
スペースを確保できる

主寝室に設けた書斎コーナー
L型に配した造作のデスクと本棚　カウンター下の
デッドスペースも収納スペースとして活用できる

LESSON 7 　アートや小物の飾り方

飾る場所を見つける

　最後に、美しい空間を仕上げるための大切なポイントである、「アートや小物の上手な飾り方」について、お教えします。まずは住まいの中に、アートや小物を飾れる場所を見つけることから始めてみてください。

　たとえば、玄関扉を開けてすぐ、一番始めに見える場所はどこなのかをチェックして、そこに適した物を飾るようにします。カウンタータイプの下足入れが最初に目に入るのであれば、その上に季節のお花を飾ってみる。廊下の白い壁が一番始めに目に入るのであれば、そこに好きな作家の絵を飾ってみる。それだけで、玄関の印象が変わり、お客様をもてなす空間になり、ご家族を和やかに迎える場所になるのです。

　ダイニングであれば、食事をしながらくつろぐ時、いつも目に入る場所にお気に入りのグラスやカップを飾り、リビングなら、ソファに座った際に眺められる場所に、お気に入りのコレクションを飾ってみてください。ご自身の好きな物に囲まれたお部屋は、とても気持ちが良いものですし、自然とお客様の目にもとまって、そこから楽しい会話が生まれます。

季節の花を飾り、お気に入りのアートを掛けて、お客様をおもてなし　写真のアートは NAOMI KIYOTA によるオリジナルの作品

NAOMI KIYOTA LUXURY INTERIOR

■アートのプランニング 1

吹き抜けのリビングルームを
大きなオリジナルのアートで
ダイナミックに演出
ソファやクッションと
カラーをあわせて
落ち着きのある空間に

飾り方のコツ

　飾る場所がみつかった後は、飾り方のコツを覚えましょう。たとえば、額を壁にかける際に大切なのは、壁面全体のバランスと、高さを考えることです。廊下に飾る場合は、立った姿勢で眺めるので、座った姿勢で眺めることが多いリビングに掛ける位置より、やや高めになります。リビングダイニングに掛ける場合は、他の家具や小物との調和が大切になり、お部屋のインテリアテイストにあったイメージの物を選ぶと良いと思います。

　絵を選ぶ場合は、その作品のイメージも大切ですが、額やマットの色、材質なども重要な要素です。イメージの異なる作品も、額装のイメージを合わせることで、自然と調和がとれ、同じお部屋の壁面に掛けても、違和感無く納まります。ソファの上に置いたクッションの色と、絵の中に使われている色を合わせてみたり、飾る小物と額の色を合わせてみたり、いろいろと工夫すると良いでしょう。

インテリアの観点からアートの色調や絵柄、形を決める　バランスにより1枚だけでなく複数枚を飾ることも　写真は、類似の絵柄、同じ形のアートを3枚並べることで、水平の動きを作っている

NAOMI KIYOTA LUXURY INTERIOR

■アートのプランニング２

シックなダイニングルームを
ブロンズ色のミラーと
オリジナルアートを加えた
壁面の飾り棚で演出
ドラマチックなイメージに

ライティングとの関係

　アートや小物を上手に飾ることができたら、ライティングのチェックも忘れないで行ってください。せっかく廊下の壁に素敵なアートを掛けたのに、近くに照明が無くて、いつも暗い空間の中で眺めるのでは、意味がありません。ご新築やリフォームの際などには、先に飾るスペースや飾り方を考えてから、照明計画をしておく必要があります。飾る物によって、照明器具の種類や光源の色なども、異なります。せっかく近くに照明を設けても、額のガラスにあたって反射してしまい、かえって作品が見えにくくなってしまうこともあるのです。

　もし、飾った物の近くに光源が無い場合は、スタンドをうまく利用すると、良いと思います。角度の変えられる器具や、高さの違う物を使って、うまく照らしてみましょう。
　天井に反射させた光が、壁を照らす効果を利用することもできます。セードの材質によって光の広がり方が異なりますので、器具の特徴を生かしながら、小物やアートに適した光を探してみましょう。

ライティングでアートや小物が映える

■美しいアートの飾り方

アートの色とテーブルコーディネートの色をオレンジ色で合わせて華やかな印象　フレームは丸みのある柔らかいイメージの物で

モノトーンのシックな空間も、アートでくつろぎのコーディネートに　フレームはスクエアなシャープな物で

柄物のアクセントクロスと大きめの抽象柄のアートをあわせた大胆なコーディネート　フレームは細めのシンプルな物で

自分らしさを出して……

　インテリアレッスンも、いよいよ終了です。レッスン1からお話してきたことを、もう一度思い出していただきながら、インテリアコーディネートの最後の仕上げをしてみてください。ご自身の好みに合っているかどうか、快適で落ち着く空間に仕上がっているかどうかを確認してみましょう。

　インテリアコーディネートには、決して正解がひとつだけではありません。ご自身やご家族にとって、居心地の良い素敵なコーディネートの完成形は、皆様の好みや感性によって異なります。私たちプロのインテリアデザイナーは、その完成形を導き出すお手伝いをさせていただいている、と思っています。

　ぜひ、ご自分らしく、個性やこだわりをもって、自慢のインテリアコーディネートを実現してみてください。皆様の住まいが、ご自身のコーディネートの作品なのです。ご新築やリフォームの際だけでなく、ときどき模様替えをして、住まいもリフレッシュしながら、快適な暮らしを送っていただけることを、心から願っています。

個性やこだわりをもって、自分らしいインテリアコーディネートを手に入れて

NAOMI KIYOTA
LUXURY INTERIOR

Works of Interior

インテリア作品集

WORKS No.1
NIHONBASHI HORIDOMECHO

邸宅のようなグレード感のあるDINKS向けマンション。モダンな空間にネオクラシックのテイストを織り込んだインテリアコーディネートで、高級感を演出している。
LDK (02) を中心に、各室が連続する回遊式プランを採用。ドレッシングルーム (LDK右奥) とリラクゼーションルーム (LDK右手前) は、ファブリック風ガラスの入った半透明のスライディングドアで仕切り、部屋間にゆるやかな連続性を持たせている。

01 エントランス／石調のモザイクタイルでグレード感を高める　**02 LDK**／開放感のある回遊式プラン　落ちついた色調の中に配されたアクセントカラーが映える

NAOMI KIYOTA LUXURY INTERIOR

NIHONBASHI HORIDOMECHO

LDKの壁面にポイント的に用いたアンティークなガラスモザイクタイル(03)は、モダンな室内にクラシカルなテイストを加える。
主寝室(04)は窓下の壁面をヘッドボードとブロンズミラーで覆い、部屋を広く見せて奥行きを感じさせる工夫が施されている。
LDKに隣接するドレッシングルーム(05)とリラクゼーションルーム(06)は、透け感のあるスライディングドアを用い、LDKとのつながりを保ち部屋に開放感をもたらす。

03 LDK／レトロなモザイクタイルの壁がアクセントに　04 主寝室／ベッドのヘッドボードとミラーで部屋を広く見せる　05 ドレッシングルーム／奥様のための多目的な空間　06 リラクゼーションルーム／間接照明を効果的に用いて癒しの空間に

WORKS No.2
CHIYODA OTEMACHI

都心のコンパクトサイズのマンション。2人暮らしを想定し、インテリアはシンプル・モダンにまとめている。

狭い空間をいかに広く見せ、有効に使うかが全体のテーマ。LDK（02）は、右手奥のワーキングルーム（03）と連続性を持たせることで広さを演出している。間仕切りには、ファブリック風のガラス引き戸を採用。オープン時は2室が1室となり、クローズ時もLDKとの連続性が失われないよう配慮している。

ダイニングテーブル（05）、テレビボード、ローボードやソファーなどはオリジナルのデザインで、部屋のサイズに合わせて製作。既存の家具では得られないインテリアへの一体感が実現する。

01 エントランス／右壁面に大型のデザインミラーを貼り、空間に広がりを持たせる　02 LDK／ラグカーペットやソファーを明るい色でまとめて空間を広く見せる

NAOMI KIYOTA LUXURY INTERIOR

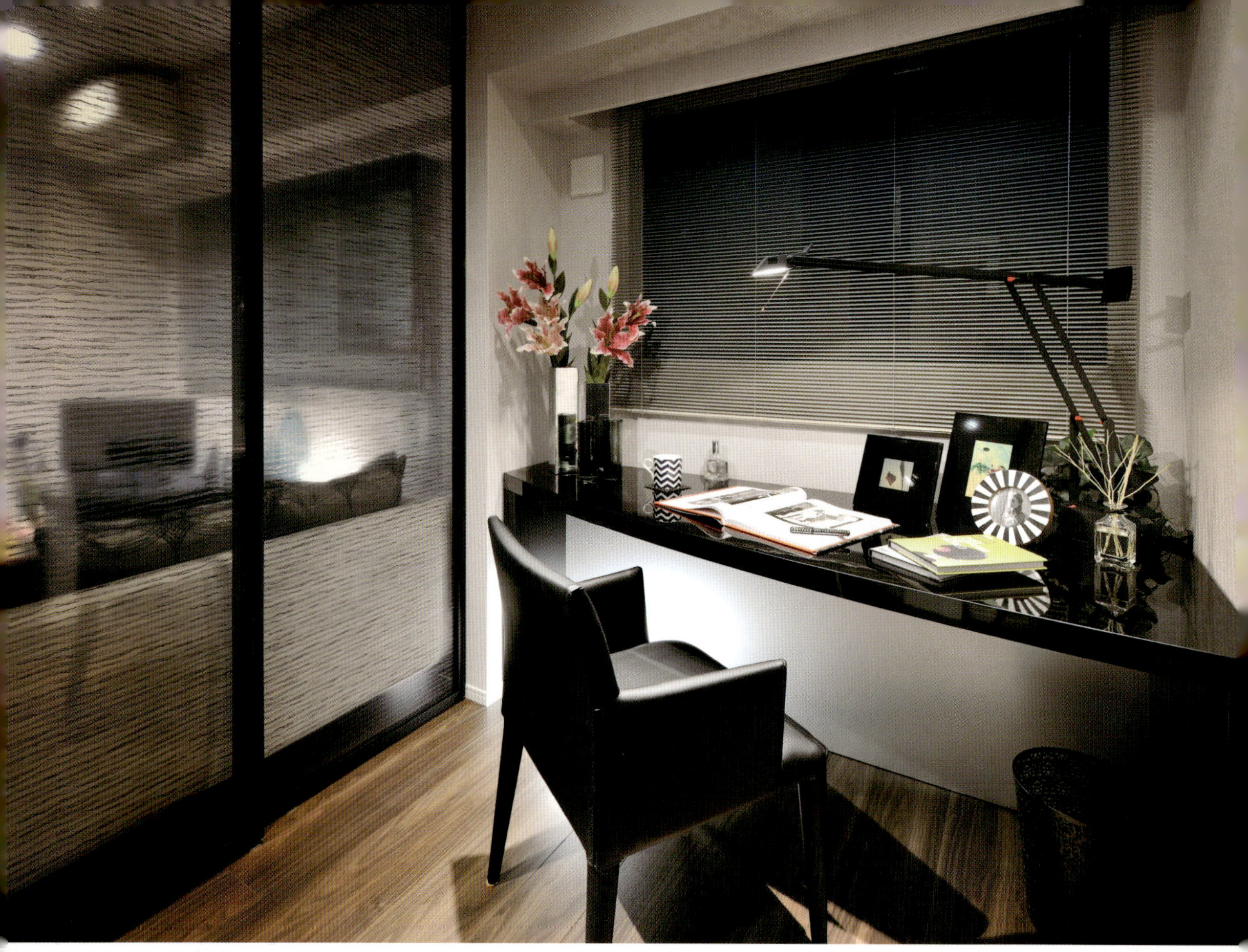
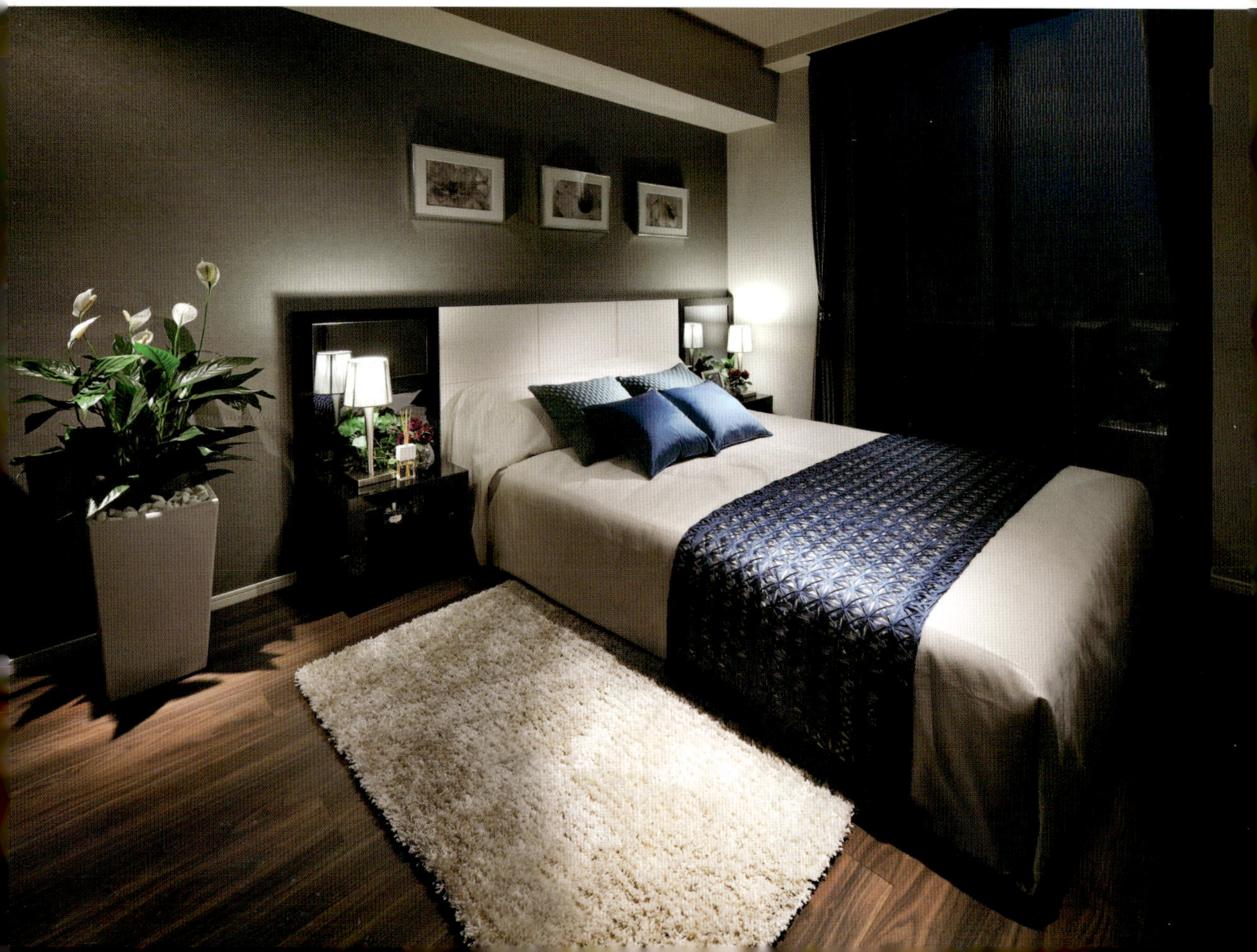

NAOMI KIYOTA LUXURY INTERIOR

LDKに隣接するワーキングルーム(03)には、LDKの家具のデザインと合わせた特注のデスクを設置。主寝室(04)のアクセントカラーにはトレンドのターコイズブルーを使用。ベッドのヘッドボードはオリジナル。サイドテーブルと一体化したデザインで、グレイッシュのアクセントクロスを用いた壁面と合わせている。シンプルなキッチン(05・06)は、メタリックなレンジフードと3連のイタリア製ペンダント照明で華やかに演出。

03 ワーキングルーム／ファブリック風のガラス引戸でLDKとの連続性を保つ　04 主寝室／壁面のアートもインテリアに合わせた作品、サイズのものを選択　05 ダイニング／ガラスのダイニングテーブルはオリジナル　06 キッチン／オープンタイプのシンプルなデザイン

WORKS No.3
HIGASHI NIHONBASHI

2LDKを1LDKに改装してオープンな空間とした都心のマンション。
LDK (02) には、ガラスと天然大理石をミックスした3Dモザイクタイルを使用。01はそのタイル壁のテクスチャー。間接照明により凹凸のあるデザインを強調している。
ソファ、ダイニングテーブル、ローボードが全てNAOMI KIYOTAのオーダーメイド。ソファの背の高さにローボード、ダイニングテーブルの高さを合わせることで水平ラインが強調され、部屋を広く見せる効果を生み出している。

01 LDK（モザイクタイルのテクスチャー）／ローボードに組み込んだ照明で立体的に浮かび上がる　02 LDK／オーダー家具により空間を広く、高く見せている

NAOMI KIYOTA LUXURY INTERIOR

HIGASHI NIHONBASHI

NAOMI KIYOTA LUXURY INTERIOR

2室を1室にした開放的なLDK（03・04）。壁を取り払った場所にテレビボードを置いて、間仕切りの役割も持たせている。家具の配置を変えることで、シーンに合わせた部屋のしつらえが可能となる。
やわらかい光でリラックス効果を生んでいるライティングは、調光が可能なダウンライト、間接照明を各所に配置した多灯照明。シーンに合わせて使い分け、明るさも変えて、雰囲気の違いを楽しむ。

03・04 LDK（昼）／自然光により、夜間とはまったく違った表情を見せる　05 LDK・寝室／右手奥に寝室　半透明の引き戸で仕切ることで、空間の開放感を損なわないようにしている

WORKS No.4
MINAMI AOYAMA-1

WORKS No.5と同じマンション内で、若い世代向けの比較的コンパクトな住戸。
インテリアは白をベースカラーとして、部屋を広く明るく見せ、光沢のある黒の素材を随所に配して空間を引き締めている。ビビッドなオレンジをアクセントカラーとして、クッションやチェアに使用。
LDK (02) を広く使うために、引き戸で仕切った隣室にテレビボードを設けている。開放時は部屋に連続性が生まれ、引き戸を閉めると、LDは落ちついた空間となる。

01 エントランス／左側に大型のブロンズミラーを貼って空間を広く見せる　**02 LDK＋洋室**／シーンに合わせた使い方が可能なフレキシブルな空間

NAOMI KIYOTA LUXURY INTERIOR

MINAMI AOYAMA-1

03

04

白を基調とした清潔感のあるバスルーム(03)とパウダールーム(04)。単調にならないように、ミラーやモザイクタイルで変化を与えている。
主寝室(05)は、梁型の存在感を消すために、片側の壁に落ちついたグレー系のアクセントクロスを貼っている。オリジナルのヘッドボードとドレッサーは、高さを揃えることにより水平ラインを強調し、部屋を広く見せる効果がある。

03 バスルーム／薄いストライプの入った壁パネルに合わせて横長のミラーを採用　**04 パウダールーム**／ガラスモザイクタイルで華やかさをプラス　**05 主寝室**／アクセントクロスで梁型を目立たせないデザインにした

WORKS No.5
MINAMI AOYAMA-2

マンション上層階のラグジュアリーな住戸。素材を吟味し、シックな色味でまとめた格調高いインテリアが、高級感を醸し出している。LDK (02) は、窓からの都市の眺望を満喫できるシャープスタイルのシェードを採用。高級感のある天然石を壁やカウンタートップなど随所に使い、キッチンに合わせてオリジナルでデザインしたカウンターテーブルは、シーンに合わせて移動することで、優雅なライフスタイルを演出する。
エントランス (01) は、ブロンズミラーと天然石のカウンター、アートフラワーによりコーディネートされ、来訪者の期待を高める。

01 エントランス／廊下の左手はワーキングルーム(04)のスライディングドア　ファブリック調のガラスも自らデザインしたもの　02 LDK／ラグジュアリーな生活を楽しむ空間に

NAOMI KIYOTA LUXURY INTERIOR

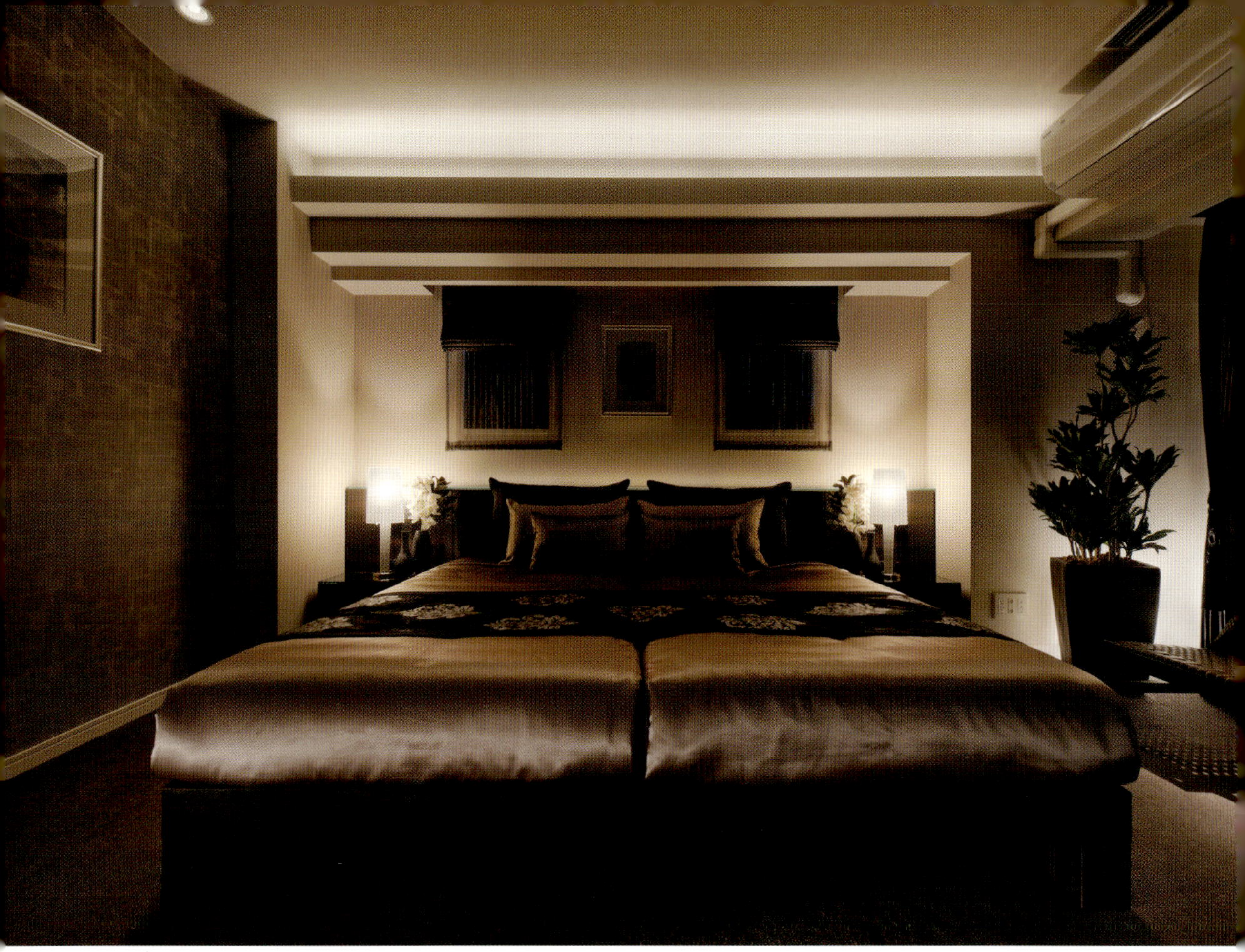

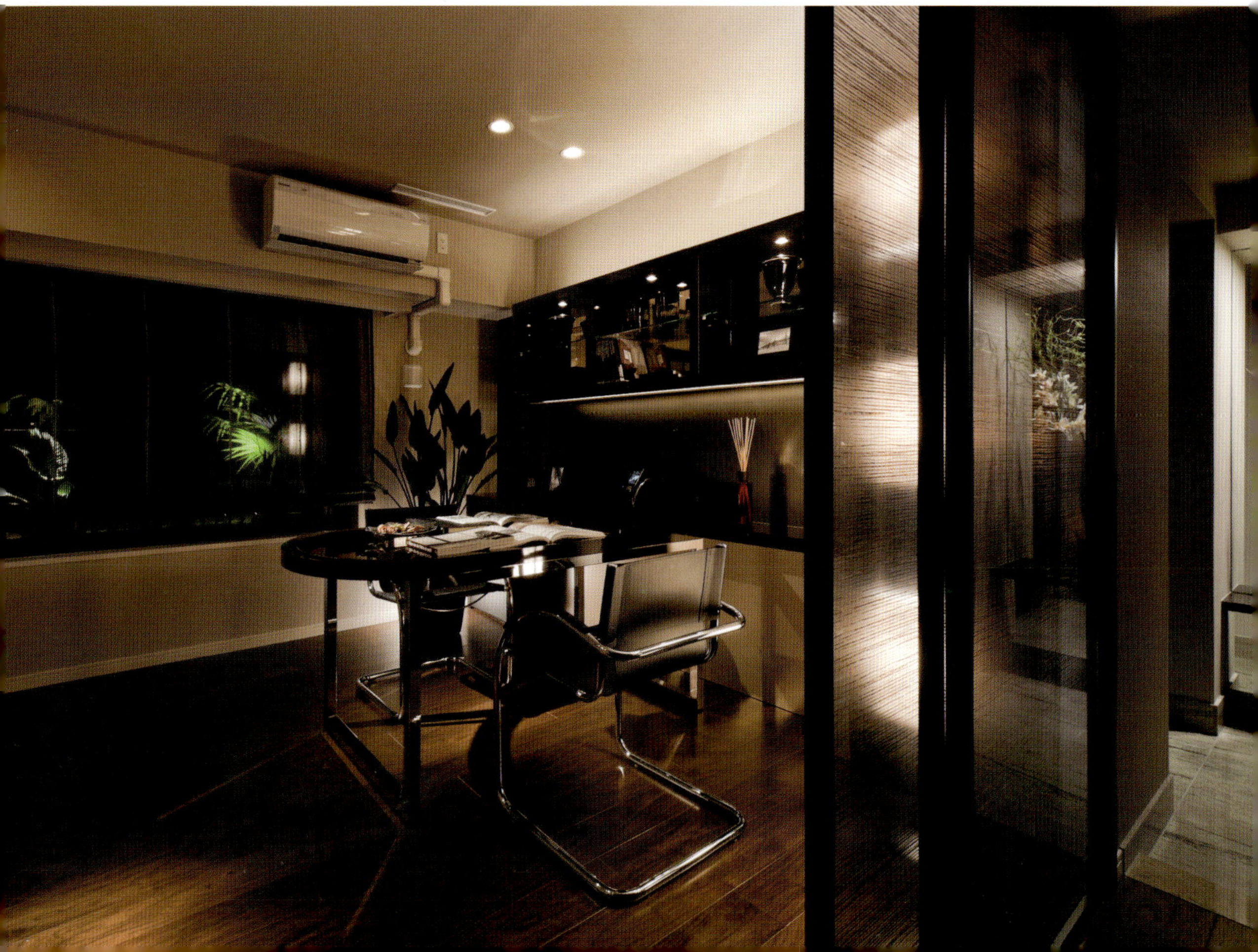

各室のインテリアもダークブラウン系の重厚な色調でまとめている。

　2つの小窓に合わせてベッド、サイドテーブル、照明、アートなどをシンメトリーに配した寝室(03)。左右対称の空間は、安定感とやすらぎをもたらす。

　エントランス横のワーキングルーム(04)は、SOHOとしても使える空間。デスクと壁面の飾り棚はNAOMI KIYOTAオリジナルデザイン。

　バスルーム(05)、パウダールーム(06)もダークな木質感と天然石で格調高くコーディネート。モザイクタイルなども色味を合わせた高級素材を選定した。

　キッチン(07)はLDと連動しつつ、料理に集中できる独立感も保持している。

03 ベッドルーム／天井の建築化照明と、スタンド照明、グリーンの背後の間接照明が、やすらぎの空間を演出する　04 ワーキングルーム／飾り棚にはフロストミラー、ブロンズミラー等を使用　05 バスルーム・06 パウダールーム／パウダールームの右手奥がバスルーム　素材、色調により一体感を出した　07 キッチン／調理部分はリビング側からは見えない配置に

WORKS No.6
TOWER THE FIRST

静岡県浜松市で最初のタワー型マンション。シニア層のセカンドハウスをイメージ。上層階のプレミアム住戸をコーディネートした。グレード感漂うエントランス(01)は、邸宅をイメージして、ヒノキ材の玄関収納や正面の飾り棚、壁面をデザイン。アートや小物も自らのスケッチをもとに製作した。木材やタイルの色味、素材感と合わせて、一体感を演出。
上層階の景色を存分に楽しむため窓を大きく取ったLDK(02)は、高級感を保ちながらシンプルで飽きのこないインテリアに。

01 エントランス／正面の飾り棚は、モザイクタイル、ミラー、うるし塗り風の棚で構成　モザイクタイルの両側にスリット状にミラーを配して、軽やかな抜け感を出し、空間に広がりを演出　**02 LDK**／天井は建築化照明を組み込んだ折り上げ天井で、すっきりとした高級感を演出している

NAOMI KIYOTA LUXURY INTERIOR

TOWER THE FIRST

NAOMI KIYOTA LUXURY INTERIOR

モダンなデザインの和室（03）は、LDK（02）のソファに座ると正面に位置し、「眺めて楽しめる和室」というコンセプト。部屋の脇の飾り棚は、アクリルと和紙の背板を背後からライティング、幻想的な光で演出。朱赤の手漉き和紙が美しい床の間風の意匠は、両サイドからの照明で印象的に浮かび上がる。漆塗り風のカウンターとアートフラワー等も、自らデザインしたもの。琉球畳を中央に敷き込み、収納の襖紙には手漉き和紙を選ぶなど、細部にまでこだわった。

シニア層のセカンドハウスをイメージした住戸は、パブリックスペースとプライベートスペースを完全分離したプラン。主寝室（04）、浴室（05）、洗面（06）のプライベート空間は、全て引戸でつながっている。

03 和室／トータルデザインした「眺める和室」 **04 主寝室**／ブラウンとボルドー系の配色で格調高い雰囲気に **05・06 バスルーム・ドレッシングルーム**／主寝室と連動したデザイン　夜景が眺められる浴室とL字型の2ボールのカウンターを設けた洗面はゆとりの設計

WORKS No.7
KOMAGOME SOMEIZAKA

文教地区に立地する瀟洒なマンション。間接照明をふんだんに取り入れ、モダンスタイルの中に和テイストを取り入れた高級感あふれるインテリアに仕上げている。
インナーバルコニー（01）のあるLDKの隣には、L字型にガラスウォールで仕切ったワークスペースを設けた。天井の間接照明、ボーダーの天然石の壁に埋め込んだテレビなど、ラグジュアリーなイメージを演出している。

01 インナーバルコニーから臨むLDK／左手は主寝室に通じる　02 LDK／ワークスペースを仕切るスライディングドアは、ファブリックス風のガラスを使用したオリジナルデザイン　閉じた状態でもLDKとの連続性を保つ

NAOMI KIYOTA LUXURY INTERIOR

KOMAGOME SOMEIZAKA

NAOMI KIYOTA　LUXURY INTERIOR

06

07

　LDKに隣接するご主人の部屋（03）は、セカンドバルコニーを有し、趣味のオーディオを備えるリラクゼーションルームとなっている。奥様のワーキングスペース（04）は、収納に組み込んだ間接照明でくつろぎ感を演出。キッチン（05）は、フードの手前をガラス壁として、抜け感を出している。イタリア製のペンダント照明がアクセントに。主寝室（06）のポイントは、ベッドのヘッドボード上の壁に使用したシェルタイル（07）。スタンドからの間接光を受けて繊細な輝きを放っている。

03 リラクゼーションルーム／ご主人のくつろぎのスペース　04 ワーキングスペース／柔らかい光に満ちた空間　05 ダイニングとキッチン／テーブルセッティングも清田が自ら手がける　06 ベッドルーム／ベッド脇の照明でシェルタイルが輝く　07 寝室のシェルタイルのディティール

WORKS No.8
SUGAMO

落ち着いたイメージのモデルルーム。インテリアは木の質感を生かしながら、高級感のある空間を演出している。
LDK (02) は、広いバルコニー (01) へつながる大きな窓面を生かした家具配置が特徴。梁下に造作のパネルをしつらえ、テレビを埋め込むことで、気になる梁型を解消した。

01 バルコニー／ウッドタイルを敷き込み、広いバルコニーとLDKに一体感を持たせている　**02 LDK**／木質感のあるくつろぎのインテリアに

NAOMI KIYOTA LUXURY INTERIOR

SUGAMO

05

ご主人のワーキングルーム(03)。L字型に配置したデスク、収納家具、飾り棚はすべてオリジナルデザイン。LDKに隣接する奥様のワーキングスペース(04)は、スライディングドアで仕切って使うことができる。主寝室(05)には、落ち着きのあるベージュカラーのカーペットを使用。アクセントクロスにも淡いベージュ色を使い、やわらかな色調で全体をまとめている。アートを3枚横に並べることで、落ちついた視線の流れを生み出している。

03 ワーキングルーム／一体感のあるデスクと飾り棚　04 キッチン・ダイニング・ワークスペース／落ち着きのあるコーディネート　05 主寝室／壁面のアクセントクロスでやわらかな表情を

WORKS No.9
NIHONBASHI KAKIGARACHO

女性の一人暮らしを想定したコンパクトタイプのマンション。インテリアは明るい色調でまとめ、さわやかにコーディネートしている。
白を基調に明るいグリーンをアクセントカラーに用いたLDK (01・02) は壁面に2枚のミラーを使い、空間に広がりを演出。洗面、浴室とつながる寝室 (03) は、ヘッドボード部のシェルタイルの壁が華やかで印象的な輝きを放つ。

NAOMI KIYOTA LUXURY INTERIOR

01 LDK（昼）・02 LDK（夜）／昼は明るく軽い印象のLDKも、夜間は照明によりイメージが変わる　03 寝室／ヘッドボードは飾り棚やデスクと一体化させたオリジナルデザイン

WORKS No.10
NIHONBASHI HISAMATSUCHO

都心のDINKS層を対象としたマンション。LDK(01・02)は、シャンデリア、印象的なレースカーテン、毛足の長いラグカーペットで、ラグジュアリーなイメージでコーディネートしている。

ピンク系の色味のファブリックを使った主寝室(03)は、女性を意識したインテリア。ヘッドボードやドレッサー、チェストなどは全てNAOMI KIYOTAのオリジナルデザイン。

NAOMI KIYOTA LUXURY INTERIOR

01 LDK（夜）・02 LDK（昼）／黒いストライプが印象的なカーテン。勝手に天井まであるカーテンをかけ、空間を広く見せて、一体感を演出　03 主寝室／柱型を利用して、収納やドレッサーなどの家具をオリジナルでデザインした

WORKS No.11
SHINTOMICHO

都心に建つラグジュアリーマンション。オリジナルデザインの家具を中心に、空間を広く見せる工夫を随所に施している。
LDK (01・02) の壁には、テレビを埋め込んでいるように見せる特注のテレビボードをデザイン。ミラーを貼ることで (02)、柱型を目立たないようにして、部屋を広く見せる効果も生んでいる。
主寝室 (03) はシンプルで落ちついたインテリアでコーディネート。ベッド脇のナイトテーブルもオリジナルでデザインした。

NAOMI KIYOTA LUXURY INTERIOR

01 LDK（夜）・02 LDK（昼）／オリジナルのテレビボードにより、大画面のテレビもインテリアと一体感を出す　03 寝室／ヘッドボードの上にアートを飾ることで、落ち着きが生まれる

WORKS No.12
CHIYODA AWAJICHO

都心に建つマンション。シンプルな中にも、コンパクトな空間を広く使うテクニックを随所に施したインテリア。LDK (01) は、テレビボードを出入りする人の動線に合わせてカーブさせ、大きな窓面を生かしている。
ワーキングルーム (02)、主寝室 (03) は間接照明を効果的に用い、ミラーや光沢のある素材を利用して空間を広く見せる工夫をしている。

NAOMI KIYOTA LUXURY INTERIOR

01 LDK／奥の壁は割り肌タイプのエコカラット　02 ワーキングルーム／デスクと一体化した飾り棚、窓下のブックシェルフなどをデザイン　ミラーを使って空間を広く見せている　03 主寝室／やわらかな間接照明のライティングで安らぎの空間をつくる

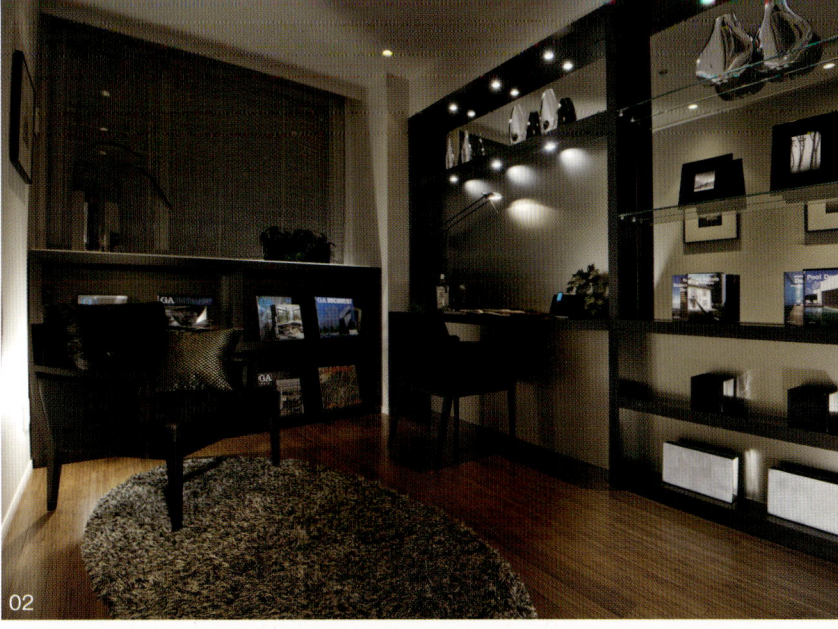

WORKS No.13
RESIDENCE OF TAKANAWA

Photo : KAJIHARA TOSHIHIDE

間取りの段階から参画し、プレミアムなトータルコーディネートを実現した邸宅。26年間のインテリアデザイナー歴の中でも、特に思い出に残る仕事の一つとなった。
リビング (01 - 03) は、都心の一等地にありながら、どこか海外のリゾート地にいるようなくつろぎのコーディネートに。オーナーご夫妻のセンスの素晴らしさと、こだわりが詰まっている。

01 - 03 リビング／イタリア・ミノッティ社のソファを中心にラグジュアリーな洗練されたインテリアでまとめている

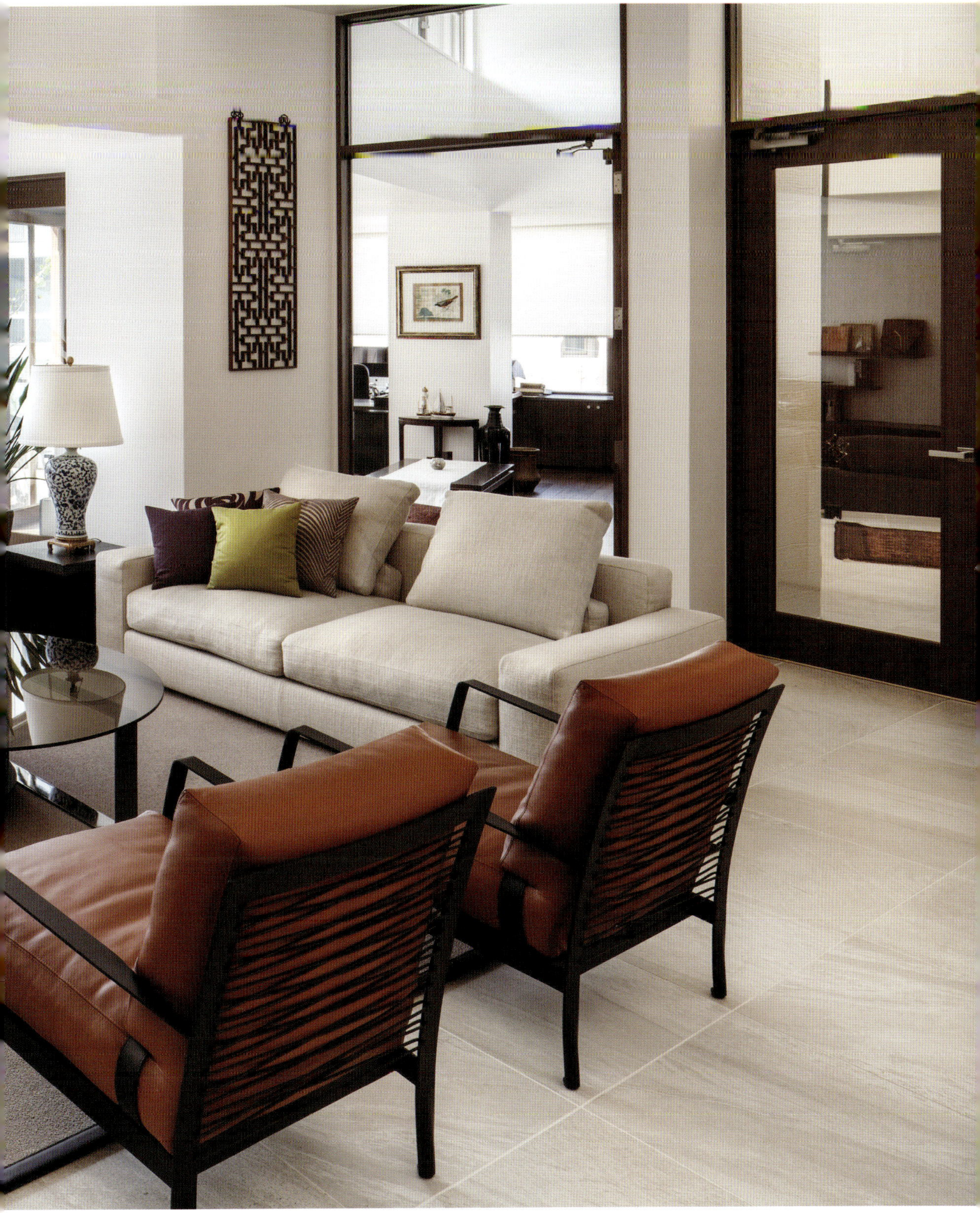

RESIDENCE OF TAKANAWA

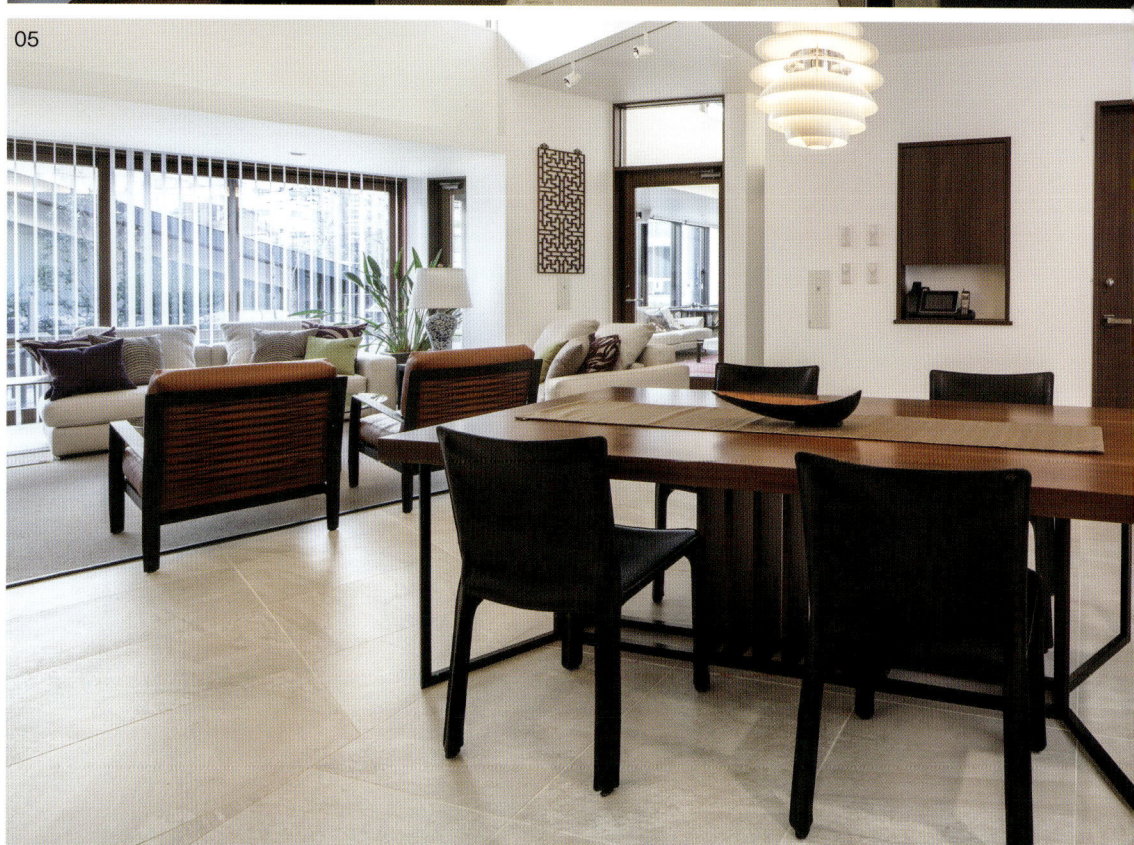

04

05

NAOMI KIYOTA LUXURY INTERIOR

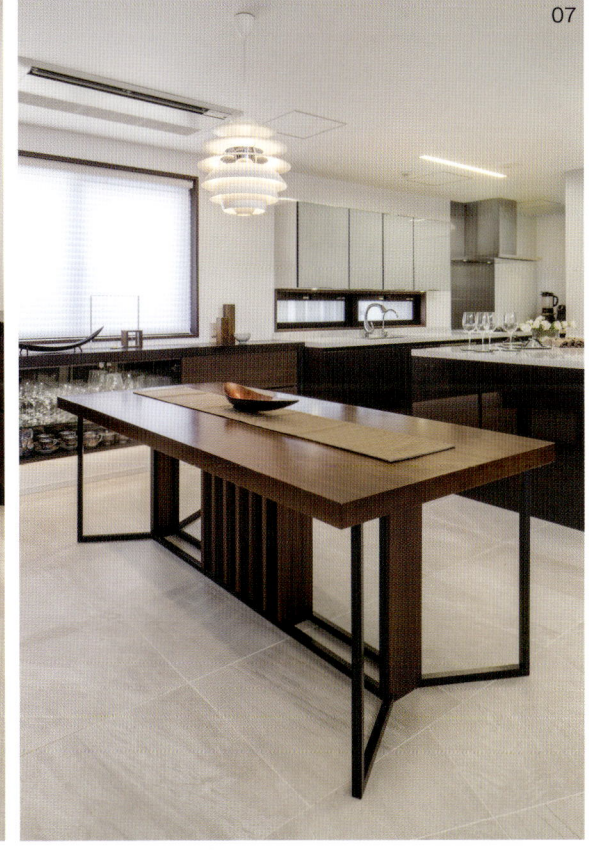

ダイニング側の中心となるテーブル（05-07）は、ご夫妻の細かな希望を取り入れたNAOMI KIYOTAのオリジナルデザイン。空間に合わせた美しさと機能性を融合させた、こだわりのデザインが完成した。

04 キッチン／イタリアの最高峰ユーロモビル社の物で、扉の色や取っ手のデザインなど、細部にもこだわってセレクトした　05 ダイニング・リビング　06 ダイニング・キッチン　07 ダイニングテーブル／NAOMI KIYOTA オリジナルデザインのテーブル　天板はインテリアに合わせて木目の美しいウォールナット　脚はリビング側のミノッティ社のチェアに合わせて、黒の焼き付け塗装とした

WORKS No.14
RESIDENCE OF NAOMI KIYOTA

タワーマンションの一室。デザイナーNAOMI KIYOTAの自邸。自らの好みであるモダンイメージのシックなコーディネートでまとめている。余分な物はいっさい目に触れる所には置かない、徹底した美しさを追求して生活している。

01・02 リビング（ビフォー）／高層階の景観をどう生かすか悩んだ　03 リビング（アフター）／窓際に置いたカウンターチェア　くるりと回して外へ向け、レインボーブリッジを眺める仕掛け

NAOMI KIYOTA LUXURY INTERIOR

RESIDENCE OF NAOMI KIYOTA

ダイニングは、壁面中央にイタリア製のガラスモザイクタイル、両サイドにデザインミラーを貼り、空間に広がりを持たせている。

05 ダイニング（ビフォー）　04・06 ダイニング（アフター）／写真では見えにくいが、モザイクタイルの壁側にはローボードを置いて、花器を飾っている　何もない状態に比べて、飾ることで、空間に奥行きが出る

NAOMI KIYOTA LUXURY INTERIOR

エントランスには、実際の面積以上の広がりを感じさせるアイテムとして、鏡を効果的に使用（07）アクセントのガラスタイルと花器で飾ったニッチ（08）部分が映り、広がりが倍増し、ラグジュアリーなイメージに

09・10 エントランス（ビフォー）　07・08 エントランス（アフター）／壁を鏡、モザイクタイルなどで飾ることで、空間に広がりが生まれる

WORKS No.15
NAOMI KIYOTA ORIGINAL FURNITURES

インテリアデザイナー清田直美デザインによるオリジナルブランド「NAOMI KIYOTA」。家具やファブリック、小物にいたるまで全てをオーダーメイド、オンリーワンのアイテムで、トータルなコーディネートを提案する。

人気商品は、ショッピングサイトでも販売。より多くの方にハイクオリティなアイテムを数多く提供している。

ORIGINAL SOFA「GRACE」
存在感のある洗練されたモダンデザインのソファ　奥行き90cmのゆったりとしたサイズで、ラグジュアリーなデザインと座り心地を追求　国内最高級の革を使用し1点1点ていねいに製作している　クロームの脚のデザインやクッションの硬さなど「NAOMI KIYOTA」こだわりのデザインで、1cm単位のオーダーメイドにも対応する
おそろいのスツールと組合せできるサイドテーブルもあり、トータルなコーディネートが実現できる

NAOMI KIYOTA LUXURY INTERIOR

ORIGINAL SOFA「MODERN」
都会的な洗練されたオリジナルデザインのソファ　写真の片アームタイプは空間を選ばずコーディネートでき、部屋を広く見せる　色違いもあり、サイズオーダーにも対応する

ORIGINAL SOFA「OPERA」
落ち着いたラグジュアリーなデザインのオリジナルソファ　シートと背クッションのデザインが高級感を感じさせる　色違いやサイズオーダーにも対応する　アクセントのクッションも生地からセレクトしたオリジナルデザイン

NAOMI KIYOTA LUXURY INTERIOR

**ORIGINAL
COUNTER TABLE
「MODERN」**

ガラスTOPとステンレスの輝きが美しいモダンな洗練されたデザインのカウンターテーブル 写真はオープンキッチンのカウンターに合わせて、サイズオーダーで製作したラウンド型のデザイン

**ORIGINAL
DINING TABLE
「MODERN」**

都会的な洗練されたモダンデザインのダイニングテーブル 既製品には無いサイズオーダーも可能 どんな空間にも合わせることができ、素材や色のバリエーションも多数 壁面のシェルフやクッション、アートフラワーなども、全てオーダーメイドのオリジナルデザイン 小物は全て「NAOMI KIYOTA」セレクション、ヨーロッパから直輸入している

117

あとがき

　インテリアデザイナーという仕事に就いてから、26年余りがあっという間に過ぎてしまいましたが、最近になって、よりいっそう「インテリア」の重要性を感じています。15年ほど前から続けているインテリアセミナーで、いろいろなお客様の悩みを伺い、さまざまなご相談をお受けしてきました。私の今までの経験と知識の中から、「少しでもお役に立てるようなアドバイスをして差し上げたい」と思い、ずっと続けてきたのです。そして、そこからいただいた「お客様の声」を生かし、実際のデザイン業務に反映させてきました。私を支えてくださったのは、この多くの「お客様の声」なのです。

　異業種から転職し、スタートが遅かった私は、昼夜となく、休みもとらず、仕事と勉強に励んできました。まさに「インテリアデザイン」の世界に魅せられてしまったのです。
　気がつけば26年の年月が流れ、念願だった自分の事務所を持ち、独立を果たしました。
　常に新しい仕事にもチャレンジし、様々な経験を通して、少しずつですが成長できたような気がします。これから私の目指す目標は、今まで以上に、「インテリア」の重要性について、少しでも多くの方に知っていただき、快適なインテリア空間の中で、幸せな暮らしを送っていただけるよう、お手伝いしていくことです。

　より多くの方に、インテリアコーディネートの楽しさを知っていただいて、気軽に実践していただけたら……という思いから、この「NAOMI KIYOTA LUXURY INTERIOR」をまとめることにしました。この書籍には、私が今までの経験で習得したノウハウを、わかりやすくご説明したつもりです。ぜひ、参考になさってみてください。そして、ひとりでも多くの方が素敵な夢の暮らしを実現していただけたら、大変嬉しく思います。

　最後に、この書籍をまとめるにあたり、ご協力いただきました方々に、心より御礼申し上げます。また、日々の仕事の中で私を支えてくださっている方々全てに、感謝したいと思います。これからも、「インテリアデザイン」という仕事を通して、少しでも世の中に貢献できますよう、頑張っていきたいと思っています。

　私にとってインテリアとは……「毎日の生活を幸せにする魔法のようなもの」。そして、その魔法に最初にかかってしまったのは、私なのかもしれません。

　　　　　　　　　　　　　　インテリアデザイナー　清田　直美

NAOMI KIYOTA　LUXURY INTERIOR

本書の掲載写真ご協力企業　株式会社坂入産業　セキスイハイム東海株式会社　丸紅株式会社　住友不動産株式会社　他
（順不同、敬称略）

著者

INTERIOR DESIGNER
NAOMI KIYOTA / 清田直美

デザイナーズスタジオ株式会社 代表
インテリアデザイナー・二級建築士

専門学校カレッジオブアーツ卒業後、
大手企業で住宅を中心としたインテリアデザイナーとして活躍
14年間のキャリアを活かし2002年に独立
デザイナーズスタジオ株式会社を設立し、戸建住宅やマンションの
モデルルーム、個人住宅のデザインやリフォーム等に携わり
TV、インテリア雑誌にも作品が取り上げられ、注目を浴びる
洗練されたラグジュアリーなデザインには定評がある
2014年6月オリジナルブランド「NAOMI KIYOTA」を発表
南青山に会員制インテリアサロンをオープンし、オーダーメイドの
オリジナルアイテムを中心に、きめ細かなコンサルティングで、
トータルなコーディネートを提供している
自らがデザインした、こだわりのオリジナルアイテムを販売する
「NAOMI KIYOTA ONLINE SHOP」も運営中

ユーザーや企業向けのインテリアセミナーも多数開催し
より多くの方に、優れたインテリアデザインの重要性を発信し続けている

NAOMI KIYOTA INTERIOR SALON
デザイナーズスタジオ株式会社
東京都港区南青山6-4-6 AOYAMA ALLEY 101

NAOMI KIYOTA BRAND SITE
www.naomikiyota.com

NAOMI KIYOTA ONLINE SHOP
www.naomikiyota-shop.com

NAOMI KIYOTA LUXURY INTERIOR　清田直美のラグジュアリー・インテリア

2014年11月29日　初版第1刷

著　者　清田直美

発行者　三島俊介	デザイン　加賀美康彦
編集人　加賀美康彦	印刷・製本　株式会社シナノ
発行所　株式会社かもす	© Naomi Kiyota 2014 Printed in Japan
発売元　株式会社ハウジングエージェンシー	ISBN 978-4-89990-279-9

〒160-0025　東京都新宿区西新宿 7-16-6
TEL 03 (3361) 2831 (出版局直通)
FAX 03 (3361) 2852
http://www.housing-a.co.jp/

本紙に記載されている記事、写真の無断転載、コピーを禁じます。
万一、落丁、乱丁などございましたら、お取り替えいたします。
定価はカバーに表記してあります。